Je vais t'aimer
jusqu'à ce que mes poumons cèdent

Benjamin Ecuyer

Je vais t'aimer jusqu'à ce que mes poumons cèdent

LE LYS BLEU
ÉDITIONS

ISBN : 979-10-422-1429-6

Pourquoi faudrait-il aimer rarement pour aimer beaucoup ?

Albert Camus, *Le mythe de Sisyphe*, p.97

J'aime quand je traîne, quand je croise mes gars sûrs qui me parlent comme si c'était hier. J'aime quand je saigne, car c'est par mes blessures que passe toute la lumière.

Damso, *QALF : Intro*, 2020

Préambule

Avez-vous déjà observé un enfant qui apprend à marcher ? J'ai toujours trouvé fascinant sa manière instituée de se relever lorsqu'il tombe au sol. Il ne se demande pas s'il va rester à terre toute sa vie ou encore comment il va s'y prendre pour ne plus chuter, non. Il se relève, il est dans le faire. Il ne se préoccupe pas de la dérision des gens ni de la déraison des « parents exemplaires » qui savent mieux que quiconque, quand un enfant doit marcher. C'est uniquement lorsqu'il grandit qu'il va se questionner sur la pertinence d'essayer à nouveau ou d'abandonner pour toujours ; ce n'est plus instinctif. Il sera probablement surprotégé, biberonné à la satisfaction par sa famille qui ne cessera de croire en lui ; cependant, lui, il doutera. Il continuera son chemin, en étant de moins en moins autonome, il aura même parfois les clés en main pour s'en sortir, mais il ne parviendra pas à les tourner dans les serrures. Il sera influencé par des choses plus ou moins bonnes, se trouvera un cercle de fréquentation qui le stabilisera, le tirera vers le haut ou le détruira. Enfin, il se trouvera pour partenaire quelqu'un qui sera le « plus » de son « pas assez ». Il prendra le risque de ne plus douter, d'avancer, de rencontrer ? Non, c'est bien trop utopique évidemment. Il finira par ressasser ce qu'il aurait dû dire ou faire jusqu'à ce que son ultime journée terrestre vienne lui murmurer à l'oreille : « Écoute bonhomme, t'as eu trop d'opportunités gâchées, faut laisser la place à la jeunesse maintenant ». L'erreur de sa vie aura été de ne pas accepter de vivre dans un Monde où les doutes sont la seule certitude, un Monde qui n'est ni bon ni mauvais, mais qui est tout simplement. Il sera un homme moyen et aura vécu une vie banale qui posera la question suivante : « Est-ce qu'il a vécu une vie qui valait le coup d'être vécue ? ».

Il m'a fallu haïr la vie du plus profond de mon cœur, pour l'aimer autant et apprécier sa splendeur.

Introduction

Le tribunal a tranché : 8 mois de prison avec sursis, une interdiction d'exercer une activité bénévole ou professionnelle en lien avec des mineurs pendant une période de 5 ans, ainsi qu'un préjudice moral et un fichage aux délinquants sexuels. À cet instant, ma vie allait totalement basculer. Changer du tout au tout. Mais laissez-moi vous raconter le début de cette histoire.

Chapitre I
Un heureux début

J'ai pointé le bout de mon nez le mardi 13 mars 2001 à la clinique de Nancy. Pour m'accueillir, mon père Chris et mon frère Adri avaient fait le déplacement. Ma mère, Ally, n'avait pas trop souffert lors de l'accouchement. J'étais un bébé plutôt « normal », bien que je n'aime pas ce terme, c'est pour ça qu'il est entre guillemets. Comment peut-on dire si quelqu'un est « normal » ou ne l'est pas ? À quoi la normalité s'applique-t-elle ? Le fait d'être comme tout le monde ? Ah, que je n'aime pas ça ! Bref, vous allez me dire que l'on n'est pas en cours de Philo, et vous avez bien raison. J'avais une corpulence d'environ 3 kg, mesurais une cinquantaine de centimètres et avais une petite bouille toute fripée, comme tous les bébés quoi ! Mes parents et mon entourage ont dû faire ce que tous les parents font à chaque fois ; « Moh, qu'il est mignon ! Il ressemble à sa mère avec certains traits de son père ! » Quelle hypocrisie ! À aucun moment, un bébé qui vient de naître n'est mignon, qu'on se le dise.

À la maison, tout se déroulait correctement, malgré mon caractère bien trempé et coléreux. Je m'affirmais aux dépens des autres, ce qui me valait des conflits avec mes parents. Je voulais tout faire seul ; par exemple, ma mère m'habillait et, tout de suite après, je me déshabillais pour me rhabiller moi-même. Juste pour dire que c'était moi qui l'avais décidé. Quel enfant chiant ! Parfois aussi, lorsque je tombais au sol, je me relevais pour me jeter à terre de mon plein gré. Sûrement pour encore me dire que c'était moi qui l'avais voulu.

Avec mon frère, ça n'était pas tendre non plus. Une fois, dans l'ancienne habitation de mon grand-père, alors que l'on jouait à un jeu de Kapla[1] chacun de notre côté, je profitai de l'inattention de ce dernier pour envoyer un coup de pied dans la construction déjà bien élevée d'Adri. En plus d'être chiant, voilà que j'étais aussi sournois ! Pour avoir un peu de répit, mes parents m'ont très vite trouvé une nounou. Je l'adorais. J'étais plus ou moins calme chez elle (calme juste quand je faisais la sieste.). Il m'est arrivé, chez elle, lors du déjeuner, de retourner mon assiette d'épinards sur la table et de jouer avec. « Je fais du ciment comme Papa », disais-je. À l'âge de trois ans et demi, j'entrai à l'école maternelle, et c'est mon dynamisme et ma manière de vouloir tout contrôler qui frappèrent en premier mes maîtresses d'école. Élève turbulent à mes heures, je n'adhérais pas vraiment à la discipline et encore moins à l'autorité.

C'est pour cela que, dès cet âge, je fus suivi par une première psychologue (première d'une très, très longue liste) qui ne tarda pas à me déceler une intelligence supérieure par rapport aux autres, un surdoué en quelque sorte. Une vraie illuminée ! Son cabinet ressemblait à un studio de film hollywoodien avec un canapé en cuir rouge, un solarium et une pomme croquée à la droite de son bureau. Je ne fis que deux séances avec elle, une avec ma mère et l'autre avec mon père. Aucun de mes deux parents ne paya le même prix. Pourquoi ? Ne me demandez pas, je n'en ai absolument aucune idée. Pendant l'une de ces séances, je demandai un couteau pour jouer avec de la pâte à modeler, ce qui était plutôt logique ! Elle fut surprise et dit à ma mère :

— Vous avez de la famille qui a des tendances suicidaires ?

C'est ainsi, vous l'aurez compris, que mes parents ont décidé de couper court à tout rendez-vous. Mais ils décidèrent tout de même de prendre rendez-vous avec la psychologue de l'école. Je passais donc

---

[1] Le jeu de construction Kapla en 1986 en France. Il permet de créer diverses constructions sous l'impulsion de l'imagination.

des tests pour savoir si oui ou non j'avais un QI plus élevé que mes camarades. Les tests étaient simples, savoir reconnaître une fourchette, un couteau… mais, fidèle à moi-même, je n'en fis qu'à ma tête et sortis connerie sur connerie à chaque question pour pouvoir au plus vite rejoindre mes camarades dans la cour de récréation. Je mélangeai ainsi volontairement une fourchette et un peigne, tout en expliquant à cette brave dame que je me brossais les dents à la maison toujours à l'aide d'un peigne. Contre toute attente j'obtins la moyenne à tous les tests. Je n'étais pas si con que ça, en fait ! Pour canaliser mon énergie débordante, mes parents décidèrent de m'inscrire à un loisir qui allait vite devenir mon sport quotidien : le tennis de table. C'est mon père, qui en faisait depuis une vingtaine d'années, qui m'initiait. Toute la famille ou presque pratiquait ce sport. Tous jouaient dans le club de Neuves-Maisons, la ville voisine. C'est un grand club, le deuxième meilleur club de Lorraine précisément, derrière celui de Metz. Ce club était présidé par un homme qui, vous le comprendrez plus tard, allait devenir mon pire cauchemar. Il y avait aussi deux entraîneurs qui contribuaient à la réussite du club.

À l'âge de cinq ans, je commençai à voir un autre psychologue qui n'était que légèrement mieux que sa prédécesseuse. Je fis environ cinq séances avec lui et mes parents. Et, très vite, on rencontra un problème ; il ne prenait jamais de notes. Les premières séances, cela ne se voyait pas, mais arrivé à celle qui allait être la dernière, cela posa problème. Auparavant, ma mère lui avait expliqué que ses parents étaient divorcés, puis, en arrivant, il dit d'une manière naturelle à ma mère :

— Mais bien que vous soyez divorcée, ça se passe quand même bien vos rapports avec votre mari ?

Catastrophe ! Psychologue numéro 2, éliminé ! En plus du tennis de table, je commençai à faire du football, comme presque tous les garçons de mon âge. J'étais gardien, et sans vous mentir, c'était magique pour les gens qui me regardaient. Pendant les matchs, je pouvais m'asseoir sur le terrain puis contempler les autres jouer, car j'étais contrarié de prendre des buts. Ou alors, mes deux préférés : aller vers mes parents pour manger, ou bien aller pisser contre un arbre. Oui, vous avez bien lu, pisser contre un arbre en plein match devant tous les autres parents qui devaient bien se marrer. Mes parents devaient être terriblement gênés, mais que voulez-vous, j'avais mes priorités ! Et, à mon opposé, il y avait un mec de mon équipe qui mettait au moins 5 buts par match, la classe quoi ! Ça faisait un contraste, mais je m'en fichais pas mal. Avant d'entrer à l'école primaire, je dus faire face à un douloureux choix pour mon jeune âge : le football ou le tennis de table ? C'est ma mère qui m'avait en quelque sorte posé cet ultimatum pour que ces deux activités physiques n'alourdissent pas trop mon emploi du temps de jeune écolier. Très envieux de mon frère (pour reprendre les dires de ma mère) qui pratiquait déjà le tennis de table, je m'engageai dans cette voie-là. Je ne vous cache pas non plus que le fait de gagner des médailles à la fin des compétitions avait pesé dans la balance.

Je passai les trois premières années de primaire à l'école de Laneuveville-devant-Nancy, à une dizaine de mètres du travail de ma mère, qui était auxiliaire de puériculture et qui travaillait en halte-garderie. Mon père, quant à lui, était agent de maîtrise chez Euromaster. Notre famille n'était ni riche ni pauvre et nous vivions convenablement dans un quartier paisible de près de deux mille habitants, non loin de Nancy. Mes années primaires n'étaient pas de tout repos pour mes parents. Mes maîtresses d'école n'avaient de cesse que de faire des allers-retours entre la salle de classe et le boulot de ma mère en me tirant par le bras. Heureusement que ce n'était qu'à une vingtaine de mètres. De la bagarre dans la cour d'école aux bavardages intempestifs (je l'ai eu longtemps ce motif-là inscrit dans mon dossier), je ne laissais de répit à personne. Ma mère me raconte encore aujourd'hui mes frasques d'il y a quinze ans. Une en particulier : à la fin de chaque année scolaire, les élèves, leurs parents et les professeurs se réunissaient dans la salle des fêtes de la ville pour organiser une petite fête en guise d'au revoir. Cette année-là, j'avais eu une professeure de couleur. Imaginez la position et la réaction de ma mère quand cette dernière est venue la voir en lui expliquant que je lui avais demandé si « toute sa famille était noire, ou si ce n'était qu'elle. » Je devais être un cauchemar à gérer, car, quand j'avais quelque chose à dire, je le disais (et ça n'a pas beaucoup bougé aujourd'hui).

À l'âge de 9 ans, mes parents décidèrent de me changer d'école pour me rapprocher de mes futurs camarades, qui seraient avec moi au collège. Ce fut l'occasion pour moi de redorer mon image en celle d'un bon élève. Les premiers jours dans cette école se passèrent bien. J'avais pas mal d'amis, mais surtout ce que j'aimais faire, c'était d'amuser la galerie. Il y avait un petit terrain de foot dans la cour de récréation où je jouais tous les jours. J'y ai tellement joué que je peux vous raconter quelques anecdotes, comme la fois où, en tirant dans le ballon, ma chaussure a volé au septième ciel avant d'atterrir sur un toit situé à une quinzaine de mètres du sol. Mon père était venu quelques jours après, muni d'une perche pour la déloger, mais en vain. J'avais trouvé ça très drôle, beaucoup plus drôle que la fois où mon coéquipier m'avait involontairement percuté le nez avec son pied. Je me souviens être tombé à terre, le nez en sang et un peu dans les vapes. Je ne restais que deux années dans cet établissement, mais, en classe, je n'arrivais (toujours) pas à tenir en place et me faisais remarquer par mes enseignants, mais bon, rien d'alarmant ! J'avais eu cette année-ci un douloureux épisode. De nature nerveuse, j'avais de grosses douleurs au ventre et n'arrivais plus à aller aux toilettes : j'avais un bouchon intestinal. Je me souviens, à l'hôpital, avoir été à quatre pattes sur la table d'opération pendant qu'un médecin me rentrait une espèce de tube là où vous le pensez ! Ça a été beaucoup mieux après (j'espère que vous ne me lisez pas en mangeant).

Cette année avait été riche en sport, car le club de tennis de table dans lequel je jouais venait de recruter un nouvel entraîneur. Je l'aimais beaucoup et il fut l'un des meilleurs entraîneurs à m'avoir coaché. Avec lui, cette année-là, j'avais terminé 28e au Championnat d'Europe pour les jeunes ; une des compétitions dont je suis le plus fier encore aujourd'hui.

Comme beaucoup de gamins, j'étais bien plus calme chez mes grands-parents. Je me souviens que quand ma mère venait me chercher, elle demandait « j'imagine que c'était une tornade aujourd'hui » ; ma grand-mère répondait que non, tout s'était très bien passé (je devais esquisser un léger sourire narquois). Ma mamie, Mary, est une femme forte qui a toujours su se battre pour ses enfants, ma mère et son frère. Trompée par son mari alors qu'elle seule l'ignorait, elle s'est toujours relevée et a toujours assuré avec brio son rôle de mère puis de grand-mère. Elle a poursuivi le cheminement de sa vie pour rencontrer celui que je considère comme mon vrai grand-père : mon papi Carl ! La vie ne l'a pas épargné non plus. J'ai toujours été proche de mes grands-parents. De ma famille d'une manière générale.

Chapitre II
Le prédateur insoupçonné

Tout se passa donc bien quand j'arrivais au collège. Plutôt réservé avec les filles, je m'étais trouvé une petite amie, je n'avais plus de suivi psychologique et je faisais toujours partie des meilleurs joueurs français au tennis de table. J'enchaînais les stages de préparation et les compétitions qui venaient. Des championnats de Meurthe-et-Moselle, au championnat de Lorraine, en passant par les championnats de France individuels et par équipe, j'étais sur tous les fronts. Je m'entraînais près de quatre jours par semaine et je commençais à participer à des compétitions internationales en Belgique et au Luxembourg. Tout se passait à merveille.

À 13 ans, je gagnai pour la première fois les championnats de Lorraine après avoir perdu cinq finales où je démarrais pourtant favori. Les anecdotes et les souvenirs que je garde de cette période resteront à jamais gravés dans ma mémoire. J'ai joué au plus haut niveau français pendant près de sept ans. J'ai côtoyé les plus grands ; certains d'entre eux préparent même les JO 2024. Il ne faut pas croire non plus que j'étais un ange au tennis de table, loin de là. J'avais mon caractère et je détestais perdre, mais vous savez, la frustration fait grandir.

Des bêtises, j'en faisais aussi. Généralement, lors des compétitions qui se déroulaient assez loin, nous dormions dans un hôtel. Même si nous ne pouvions pas manger ce que l'on voulait ou dormir à l'heure que l'on souhaitait, une fois réunis entre potes dans une chambre, je ne vous raconte pas le bordel… De la bataille d'oreillers à la discussion jusqu'à tard le soir, on ne trouvait jamais le temps long.

Une fois, nous avions ramené plein de biscuits, des bonbons et des gâteaux apéritifs. On les cachait dans des vêtements ou dans d'autres sacs. Nous avions ouvert un paquet de Chipster par le mauvais côté ; il y en avait au large, dans le lit et sur le sol. Il fallait tout nettoyer avant que les coachs ne le voient. Si les entraîneurs, logés le plus souvent dans la chambre voisine, nous entendaient, alors la sanction serait immédiate. Qu'il soit deux heures du matin ou qu'il fasse trois degrés dehors, c'était un tarif de groupe : tout le monde prenait une paire de running et allait courir dehors pendant un certain temps délimité selon le bon vouloir des coachs. Et même dans ces périodes, nous trouvions le moyen d'en rire. Nous étions de petits cons promis à une belle carrière sportive si nous continuions sur notre lancée.

À ce moment, je ne pensais pas à l'après, je vivais au jour le jour sans me soucier du lendemain. Je n'aurais jamais pensé vivre la suite.

À bientôt 14 ans, je faisais toujours partie des cadors français. Le président de mon club me proposait chaque week-end d'aller jouer avec lui. C'était essentiellement les samedis, aux alentours de dix heures et demie du matin. J'étais très heureux de jouer avec lui, je me sentais fort, car cet homme avait une certaine prestance et un rôle important dans ce sport. Il était aussi le président de la Ligue de Lorraine et était en chemin pour être président de la Fédération française de tennis de table. C'est à cette époque que ses plans de pédophilie allaient se renfermer sur moi. Oui, je parle bien de plans, car aucune spontanéité ne se dégageait de cette personne, tout était prévu au millimètre. Nous jouions dans une grande salle sur un sol en revêtement teraflex rouge. Il y avait des plaques chauffantes au plafond qui surplombaient des néons très lumineux. Nous n'en allumions que deux, car l'espace occupé n'était pas conséquent. On installait à chaque fois une table directement à la droite de l'entrée non loin des gradins. Généralement, on s'échauffait puis on enchaînait avec un exercice. On terminait la séance par un match. Lui et moi avions presque le même classement, mais je gagnais quasiment à chaque fois, et quand il nous restait du temps, nous faisions une revanche que je gagnais encore pour la plupart du temps. Je ne me souviens que d'une défaite. Mais ce n'est qu'après ces matchs de fin de séance que ça allait devenir une torture.

La douche ! On se douchait dans le vestiaire des filles, question de propreté (une phrase à faire rougir les féministes). Me doucher nu en présence de quelqu'un ne me gênait pas, car j'y avais été habitué par le passé ayant participé à toutes sortes de compétitions. Une fois sous la douche, je ne lui prêtais pas forcément attention, même si je sentais une certaine excitation en lui, qu'il parvenait néanmoins à contrôler avec maîtrise. Au fil des séances, son excitation s'ajoutait aux regards incessants qu'il lançait au niveau de mon sexe. Une fixation qu'il essayait de dissimuler en me parlant du développement sexuel des adolescents et des tas d'autres sujets troublants. Il me disait que mon sexe allait continuer de grandir et tout un tas de remarques gênantes et glauques. Une fois, il m'a même montré une « technique » pour que le savon ne mousse pas trop en passant sa main sur le bas de mon dos, presque à hauteur de mes fesses, et en la remontant jusqu'à ma nuque. Je n'étais présent que physiquement. Je ne comptais plus ses gestes déplacés. Je me disais tout de même que je devais me faire des films ou que j'interprétais mal ce qui se déroulait devant moi. Un jour, je réussis à prendre mon courage à deux mains et je dis à ma mère :

— Maman, je me sens regardé sous la douche, il faut porter plainte !

— On ne porte pas plainte pour des regards, Ben, est-ce qu'il y a plus que des regards ?

— Non (vous comprenez que je mentais, car je mourais de honte).

Ma mère poursuivit :

— Ne va plus jouer avec lui si tu sens qu'il t'épie.

— Mais je veux jouer avec lui, juste ne plus prendre de douche !

— OK ! Je vais aller le voir.

Avant mon prochain entraînement, ma mère tint sa promesse en allant lui parler :

— Ben ne sent pas à l'aise sous la douche, il n'en prendra plus !
— D'accord, pas de souci.

Rien ne se passa de particulier à cette séance. Peut-être parce qu'il n'avait pas prévu la venue de ma mère, ce qui avait dû chambouler ses plans. Mais il n'allait pas en rester là. Deux ou trois semaines s'écoulèrent avant que je ne rejoue avec lui. Puis, quand je me décidai à recommencer ces séances, il avait trouvé un autre moyen de prendre sa douche avec moi. On s'échauffa comme d'habitude, puis quand l'heure du match arriva, il me dit :

— Je te propose un truc ; si c'est moi qui gagne ce match, c'est douche obligatoire, mais si tu gagnes, je te paye un kebab !

Évidemment, le stress était à son comble. Qu'allait-il se passer si je perdais ? Je n'en saurais rien, puisque je ne perdis pas cette journée. Mais une fois, une seule fois, je perdis, car j'avais extrêmement mal joué. J'éclatai en sanglots, car je savais ce qui allait se passer. Mais, en bon Samaritain, ce dernier me proposa une revanche que je remportai. Il avait fait cela pour servir ses propres intérêts de manipulateur pervers narcissique, car à la fin de chaque entraînement il me ramenait chez moi avec mon kebab et prenait l'apéritif avec mes parents. Il agissait de la sorte pour se rapprocher de mes parents et ainsi ne pas éveiller leurs soupçons. Il n'était guère violent et savait quand il devait s'arrêter : c'est à ce moment qu'on comprend de quel genre de sale type il était, maîtrisant ses abominables pulsions sexuelles déviantes. Il n'aurait au grand jamais agi en perdant le contrôle et en se laissant guider par des pulsions incontrôlables ; non.

Les entraînements particuliers s'enchaînaient ; il faisait toujours ses « paris ». En plus de tout cela, s'ajoutaient les trajets en voiture dans sa Volvo V40. Elle avait une spécialité : des sièges chauffants.

Pour me montrer comment fonctionnait le mien, il passait ses mains entre mes cuisses. Bien sûr, je ne disais rien, je regardais à travers la fenêtre pour tenter de fuir cet étouffoir à huis clos. Je me liquéfiais.

Plus tard, une des psychologues, spécialisée en trauma, m'expliqua la raison. C'était l'effet opossum : lorsque nous sommes confrontés à une situation de danger, nous réagissons comme des animaux. Si nous pensons gagner contre la personne qui représente le danger, nous nous battons, si nous pensons perdre, nous fuyons et si nous pensons mourir, nous faisons « le mort », paralysé, incapable de bouger. Je ne vous cache pas que j'aurai préféré me battre, mais que pouvait faire un enfant de 14 ans face à une figure de son sport ? Absolument rien. Cela dura encore quelque temps, puis j'arrêtai définitivement. Je me sentais sali, il avait ruiné toute confiance en moi par sa pédophilie.

Deux années s'écoulèrent. En apparence, je pensais avoir oublié ce qui s'était produit. L'attention de ma famille s'est alors dirigée vers mon frère qui avait des problèmes d'eczémas. Après avoir passé une batterie de tests à l'hôpital le plus proche, on ne lui trouva aucune allergie. L'origine de ses boutons d'acné était beaucoup plus sombre. Mes parents soupçonnaient mon frère de fumer des cigarettes. Comme deux bons enquêteurs, ils investirent sa chambre et ne tardèrent pas à trouver dans une boîte d'iPhone, plutôt bien cachées, des cigarettes. Ils le lui firent remarquer un jour qu'il rentrait de l'entraînement. Il s'effondra dans leur chambre. Il avoua qu'il fumait depuis qu'il avait été abusé sexuellement (il ne le savait pas encore pour moi).

Il leur expliqua tout : les évènements s'étaient produits quand il avait 15 ans, en 2013. Il était allé à Paris pour les Championnats du monde de tennis de table à Bercy. Il y allait pour voir les plus grands joueurs de la planète s'affronter (bien qu'il fût bon, ça n'était pas pour jouer). C'est un bus de la Ligue qui nous emmenait, car oui, j'y étais aussi. Nous étions une bonne dizaine. Le spectacle était au rendez-vous. Deux sportifs et amoureux de ce sport au Championnat du monde, que demander de mieux ? On devait y rester une journée, en clair, on repartait au moment le plus intéressant où allaient se dérouler les matchs du carré final. C'est là qu'apparut un homme qui proposa tout bonnement à mon frère de rester pour la deuxième journée. Il ne proposa qu'à lui, car j'étais trop jeune, Dieu merci ! Mon frère, tout excité, appela notre mère pour lui demander s'il pouvait y rester, car il s'agissait de dormir dans la chambre d'hôtel avec cet homme, dans le même lit. Elle lui donna sa permission si toutefois ça ne le dérangeait pas, lui. Il la remercia puis raccrocha. Moi, je pris le bus pour retourner chez moi, accompagné des autres plus jeunes.

À ce moment précis, j'étais envieux d'Adri et je me disais qu'il avait de la chance. De son côté, il dîna dans un bel hôtel et alla se coucher tôt, car l'homme était cadre (un membre du staff si vous préférez) et s'occupait de l'organisation. Mon frère dormait paisiblement, quand il se réveilla brusquement dans la nuit vers deux heures du matin, la main de l'homme posée sur son sexe. Il cherchait à entretenir une relation sexuelle avec lui. Il le repoussa de manière expéditive, mais il ne parvint plus à fermer l'œil de la nuit. Il garda ce lourd secret jusqu'à ce qu'il soit démasqué pour les cigarettes. Dans un premier temps, il supplia nos parents de ne le dire à personne. Ce qu'ils firent durant deux jours, car j'étais en compétition où je finis troisième alors que je partais favori. Une mauvaise compétition quoi ! Le soir qui suivit, je jouais tranquillement à la console, à GTA 5 précisément, lorsque j'entendis ma mère me dire :

— Ben, descends !

Je me suis dit que je n'avais pas dû descendre mes fringues ou ranger mes chaussures, mais il en était tout autre. Je descendis rapidement les escaliers, car j'avais ressenti une certaine inquiétude inhabituelle dans la voix de ma mère. Je la rejoignis. Elle était dans la chambre de mon frère avec celui-ci et mon père. Elle me dit d'une voix qu'elle essayait de rendre naturelle :

— Il faut que l'on te parle de quelque chose.

J'écoutais le sinistre récit de ma mère que je viens de vous conter. Je ne comprenais pas. Je ne l'admettais pas. Mon frère de presque un mètre quatre-vingt-dix qui avait subi ça. C'était impossible. Mais qui ça pouvait être ? Souvenez-vous ; un homme avec un statut important dans le tennis de table, qui en plus se chargeait de l'organisation des Championnats du monde. Ça ne vous dit toujours rien ? C'était le président de mon club ! Sous le choc, je demandais à mon frère pourquoi il n'avait rien fait, qu'il était grand, fort et qu'il aurait pu se défendre. Quel paradoxe de demander ça. Il me rétorqua seulement : « et toi ? ». Je ne répondis pas. Je tombais littéralement des nues.

J'éprouvais un profond dégoût et me demandais pourquoi la vie était ainsi. Je ne comprenais pas pourquoi on pouvait faire une chose pareille, aussi machiavélique. Je me souvenais de ma mère qui nous disait qu'elle était contente de ne pas avoir de fille pour éviter de penser à ce genre de chose et que si elle en avait eu une, elle aurait été plus à l'affût, plus vigilante, car dans la mentalité de beaucoup de personnes (et je ne les blâme pas), un homme ne se fait pas agresser ou ne peut être victime. C'est même la figure d'autorité et de virilité ; c'est lui qui agresse. Beaucoup oublient que l'agresseur de mon frère et moi n'a pas agressé des hommes, mais des enfants de 14/15 ans. Il a volé une partie de nos adolescences, il a volé une partie de nos sexualités, il a volé une partie de nos vies.

L'année où il m'avait abusé fut étonnamment la plus prolifique de ma jeune carrière. Celle où j'ai le plus progressé, celle où j'ai le plus gagné : mais ce n'était pas progresser et pour m'améliorer dans mon sport. Non. C'était pour surpasser mon agresseur en termes de niveau, prendre une certaine revanche sur lui et surtout avoir un tel écart de classement que m'entraîner avec lui ne servirait plus. La nature humaine pouvait être abjecte, répugnante, infâme, à vomir… et j'en passe. C'est précisément à partir de ce moment que j'allais vaciller psychologiquement.

Chapitre III
Merci, papa

On ne pouvait pas porter plainte pour des paroles répétées, puisque, vous le comprenez bien, c'était notre parole contre la sienne et il pouvait également nous attaquer pour diffamation ou dénonciation calomnieuse dans le but de servir un intérêt quelconque. Mes parents avaient alors tout prévu ; leur plan était plutôt bien rodé. Ils firent semblant de ranger de la vaisselle de brocante dans le garage tandis que leurs téléphones étaient soigneusement dissimulés dans leur poche, prêts à enregistrer. Ils attendirent patiemment la voiture de mon agresseur. Mon frère et moi étions en cours et ce n'était pas plus mal. Mon père avait démissionné de son poste au sein du club quelque temps avant. Il en était le vice-président et était en désaccord avec les décisions de notre agresseur, le président. Cela tombait pile-poil pour nous. Mes parents s'étaient servis de la démission de mon père afin de le faire venir. Il se déplaçait dans l'optique d'obtenir des informations sur cette fameuse démission et aussi prendre de ses nouvelles, car il ne le trouvait « plus comme avant » ; vous vous doutez bien qu'un parent qui apprend ce genre de nouvelle ne peut bien aller. Il arriva.

Il sortit de sa voiture, la même Volvo V40 dans laquelle il avait abusé de moi. Il se dirigea l'air serein vers mes parents et engagea la conversation sur un ton amical en parlant du club, des joueurs, des résultats… des choses bien futiles à côté de la discussion qui allait suivre. C'est ma mère qui prit la parole, car mon père en était incapable. L'énervement l'aurait submergé et ce n'était pas le moment de craquer. Elle débuta en évoquant un « problème » que ses deux garçons lui avaient rapporté. Un problème étant lié à une personne, la même en l'occurrence. Il commença à pâlir, mais parvint tout de même à garder sa superbe. Ma mère, sans lui laisser le temps de tergiverser, reprit :

— Mes enfants me rapportent tous deux qu'ils ont été victimes d'agressions sexuelles par une même personne du club.

L'enjeu de ne pas dire de nom était important, il fallait laisser subsister le doute. Il allait perdre la face, enfin c'est ce que mes parents avaient espéré. Il répondit calmement :

— Ah ! Effectivement, oui… c'est très grave, il faut porter plainte ! Et vous savez qui c'est ?

Mais quel culot ! Je ne comprends, hélas pas, comment mes parents ont fait pour ne pas lui sauter au cou et le buter. Un tel sang-froid dépasse la maîtrise de soi. Si mes enfants me rapportaient de telles abjections… les mots pour décrire ma réaction qui aurait suivi n'existent pas encore. On dit que c'est avec le temps qu'on acquiert la sagesse, en faisant un travail permanent sur ce qui nous anime. Ma mère lui fit alors savoir que l'agresseur présumé n'était autre que lui. J'aurais payé cher, vraiment, pour être présent dans un coin de la pièce et observer son visage livide se décomposer. Une réaction ordinaire aurait été de se révolter face à des accusations pareilles, mais le type que mes parents avaient face à eux n'avait rien d'ordinaire ni moins d'extraordinaire. Il niait simplement, mais la ténacité de ma mère qui ajoutait au fur et à mesure des faits qui l'accablaient eut raison de lui ; il craqua :

— C'est vrai qu'avec Ben sous la douche, j'ai déconné !

Enfin ! Ce n'était pas trop tôt ! Il reconnaissait à demi-mot, avec ses termes confus, une partie des choses qu'il m'avait faites, mais toujours rien pour mon frère.

Pendant très longtemps, j'en ai voulu à mon père. Pendant très longtemps, je lui ai reproché de ne pas l'avoir frappé et même tuer. Vous savez, quand vous subissez ce genre de choses, votre réalité est déformée. Je ne voulais plus que l'on me touche, spécialement les hommes. Les gestes amicaux et familiaux habituels n'avaient plus leur place. Pour moi, c'était une atteinte à mon corps et à mon intégrité. Je projetais l'image de mon agresseur sur mon père alors qu'il n'avait que des gestes normaux, qu'il avait toujours faits. Par exemple une main sur mon genou en voiture accompagné d'un « alors ta journée s'est bien passée ? ». Ça, ce n'était plus possible. Pendant plusieurs années, je lui ai donné sans le vouloir cette étiquette, je me sentais agressé de tous les côtés, j'étais enfermé dans ma tête sans possibilité d'en sortir. C'est après une énième fois où je lui ai rabâché que s'il m'aimait vraiment, il l'aurait tué, que c'était la seule réaction envisageable, qu'il sortit de ses gonds. Il me saisit au niveau des épaules et me dit :

— « C'est quoi que tu voulais au juste ? Hein ? Que je le tue ? Tu voulais grandir avec un père en prison ? Tu penses que j'aurais été plus utile en prison pendant 15 ans qu'à côté de toi en train de te soutenir ? C'est ça que tu aurais voulu ? »

Mon père et moi avions le même problème de communication. Nous laissions les choses monter en pression et quand le point de rupture arrivait, nous explosions. Je mis des années encore à comprendre qu'il eut la meilleure des réactions, qu'elle était noble, sensée et profitable à tous. C'est un énorme courage de ne pas envoyer six pieds sous terre, celui qui a abusé de votre enfant. Et pour ça, merci, papa.

Chapitre IV
Aux portes de l'enfer

Il ne restait plus qu'à accourir au plus vite au commissariat. Mes parents avaient au préalable consulté une juriste pour bien appréhender les démarches afin de porter plainte. Quelques semaines plus tard, nous devions nous rendre à la gendarmerie pour faire notre déposition ; mes parents d'un côté, mon frère et moi de l'autre. Il n'était pas encore majeur, donc il n'avait pas porté plainte seul. Il commença son récit. J'appris des choses qu'il avait tues à mes parents, ça me glaça le sang. Vint mon tour et j'expliquais en détail ce que j'avais subi. Ma voix tremblait. Jamais je n'avais auparavant imaginé me retrouver là, sur une chaise, en face de deux enquêteurs, à leur conter de pareils abominables faits. Il n'y avait plus qu'à attendre.

La petite ville où nous habitions ne mit pas longtemps avant d'être au courant, tout comme le club où nous jouions. Les esprits étaient divisés. Il y avait ceux qui étaient mitigés tant qu'il n'y avait pas eu de procès, ceux qui le défendaient et ceux qui nous soutenaient, car ils étaient profondément convaincus de sa culpabilité. Je n'en voulais pas aux personnes qui le soutenaient, car si j'avais eu un proche accusé de pédophilie, j'aurais attendu plus qu'une plainte pour faire ma propre opinion.

Les jours passèrent et l'indéniable arriva. Les forces de l'ordre pénétrèrent son domicile, il fut placé en garde à vue, mais ses auditions ne donnaient rien. Il restait muré dans un silence et rejetait tous les faits dont il était accusé. Sa garde à vue fut prolongée et les gendarmes n'avaient plus qu'un seul recours : la confrontation. Je vous explique : la confrontation a pour but de convoquer les victimes et de les mettre face à leur agresseur pour que ce dernier avoue. Quand mes parents m'ont annoncé la nouvelle, j'ai refusé catégoriquement d'y aller, j'avais assez souffert, je voulais juste que ça s'arrête. Mon frère, lui, était en pleine révision pour le Baccalauréat. Il voulait lui aussi que tout s'arrête, mais une fois l'action menée à son terme. Je ne pouvais pas le laisser y aller seul, je ne suis pas un lâche ! Je repensais à ma mère qui me disait que si nous décidions de tout stopper là, l'affaire serait classée sans suite et c'est lui qui gagnerait. C'est lors de son ultime jour de garde à vue qu'eut lieu la confrontation.

Alors qu'il croupissait dans sa cellule, mon frère et moi prîmes place sur une chaise dans une salle à l'étage supérieur. Les gendarmes nous demandèrent si nous préférions le voir en face de nous ou de dos, et nous choisîmes de dos. Ils allèrent le chercher. Après un petit moment d'attente, il était là. Il avait perdu toute sa superbe, il était mince et creux. Il avait dû ruminer à une échappatoire dans sa cellule pour sortir indemne de cette histoire qu'il avait délibérément choisie. Il nous salua, mais on ne répondit pas. Les policières qui nous interrogeaient nous avaient ordonné de ne pas répondre à la provocation.

Dans un premier temps, toutes les questions lui furent destinées. Il commença à avouer certains de ses actes, mais nous en attendions plus. Après son énumération, on lui fit écouter l'enregistrement qui le trahissait et ce fut à notre tour de rétablir certains points. Au moment de parler de ce qui se passait sous les douches, il hocha la tête et soupira d'un air hautain. Pour lui, les « regards insistants » sous la douche ne l'étaient pas. On me demandait alors combien de temps cela durait : 10-15 secondes. Essayez de fixer quelqu'un ou quelque chose pendant ce laps de temps, vous verrez à quel point cela paraît une éternité. Il semblait se jouer de la situation, ce qui eut le don d'attiser ma colère. Je commençais à me lever quand mon frère posa sa main sur mon genou, il ne fallait pas que je réagisse. Le meilleur des mépris devait être l'indifférence. La confrontation touchait à sa fin, il avait tout avoué en essayant de minimiser. Avant de partir dans sa cellule, il se retourna vers nous :

— Je suis profondément désolé pour ce que je vous ai fait, je ne vous voulais pas de mal, j'espère que vous arriverez à vous construire en tant qu'Homme !

J'étais figé sur ma chaise. Je ne savais pas quoi dire ni quoi penser. Nos parents nous attendaient dans la salle d'attente et on sortit. Le fils de notre agresseur fumait devant le commissariat en attendant la sortie de son père. Je n'arrêtais pas de me demander si lui aussi, il avait subi. Cette épreuve devait être terriblement dure pour lui. À présent, il n'y avait plus qu'à attendre le procès. Personne de ma famille ne voulait que cette histoire se sache. On ne se cachait pas, mais nous essayions tout doucement de tourner la page. C'était chose ratée, puisque ma mère avait donné à la gendarmerie une liste de prénoms de potentielles victimes.

Nous étions convaincus qu'il n'y avait pas que nous, c'était impossible ! Les investigations commencèrent et certaines des personnes évoquèrent des comportements suspects : l'un disait qu'on insistait pour qu'il aille à la douche, un autre disait que, lorsqu'on le raccompagnait chez lui à moto, on le laissait devant pour bien se rapprocher et se coller à lui… Mais personne d'autre ne porta plainte.

Plus tard, lorsque la presse se saisit du dossier, il y eut un encadré à la boulangerie du village concernant l'affaire. Mon père, laissant traîner ses oreilles un jour où il allait chercher le pain, entendit une personne d'un âge environ égal à celui de mon agresseur dire : « C'est dingue, il a continué ses conneries tout ce temps… » Conneries ? Il fallait que les mentalités changent. Plusieurs autres témoignages dénonçaient la monstruosité sans faille de ce type, mais accrochez-vous, ce n'était que le début.

La date du procès était fixée et une semaine avant, notre avocat reçut une lettre anonyme. À l'intérieur : l'horreur absolue. Une personne qui est aujourd'hui adulte, sûrement avec une situation familiale et professionnelle, a écrit cette lettre sous couvert d'anonymat. Les faits qu'il y relate sont d'une telle violence qu'on se demande comment cela est possible. Voici la lettre :

Bonjour, c'est l'article sur les attouchements sexuels du dirigeant du club de tennis de table de Neuves-Maisons sur les deux jeunes pongistes qui me pousse à vous écrire (représentant de la loi et avocat des pongistes). Je suis révolté quand je lis les quelques lignes de l'article de presse qui relate que ce dirigeant parle de gestes mal interprétés par les deux adolescents et que le rapport du « psy qui l'a examiné n'a diagnostiqué chez lui aucune perversion ». L'histoire qui va suivre est la mienne, en toute honnêteté suivant mes souvenirs les plus précis des faits qui se sont passés il y a une trentaine d'années dans le gymnase municipal de Neuves-Maisons. Nous avions un entraînement de « ping-pong » tous les mercredis après-midi. Nous rentrions par une première porte qui débouchait directement sur un long couloir qui servait de vestiaires avec des bancs et des porte-manteaux sur le côté gauche pour pouvoir nous changer. À droite, au milieu de ce couloir, un passage donnait sur les douches et un autre accès de la salle (là où étaient entreposées les tables de ping-pong pliées). Au bout du couloir principal donc se trouvait l'entrée de la salle à proprement parler qui était obstruée en partie par une table et des chaises où étaient installés les dirigeants et entraîneurs, dont notre agresseur commun (qui avait l'air toujours sérieux et droit dans ses bottes, charismatique et sûr de lui). Avec une petite dose d'humour, ce pourrait être même espiègle (avec le recul, car à l'âge que j'avais, on n'analyse pas ces choses-là tout de suite...). Un enfant ou jeune adolescent pourrait facilement croire à ce qu'il raconte (c'est mon avis). Une fois prêts, nous commencions par un échauffement et installions les tables si cela n'était pas déjà fait ou inversement (je ne me souviens plus exactement de l'ordre de priorité de ces deux tâches). On se met à jouer, les entraîneurs, dont le dirigeant, nous prodiguent leurs conseils. Et là, tout s'enchaîne. Il vient vers moi et me demande d'aller avec lui chercher des balles, ou un carton de balles « en haut ». C'est une pièce par laquelle on accède par un escalier en bois (qui grince quand on marche dessus) à gauche des tables pliées. Je vous raconte le détail d'une « séance ». Il y en a eu pas mal plus celles que je ne me rappelle plus trop… On arrive dans cette pièce, sorte de grenier, il me demande de me détendre, j'ai l'air stressé. Il va m'enlever mon short (j'ai détesté les shorts pendant longtemps, je sais d'où cela vient), il me dit qu'il faut que je me détende et me dit de fermer les yeux. Il me touche le sexe, pratique diverses manipulations et me fait une fellation prétextant une solution « médicale » pour me détendre. Je ne sais pas combien de temps cela peut durer, mais je pense que les personnes responsables auraient pu se rendre compte du temps passé où il allait chercher les balles en haut avec moi. La descente de l'escalier qui donnait sur la salle avec tout le monde en contrebas était presque pire… Il a essayé de faire les mêmes choses lors de compétitions et même chez lui dans sa maison fraîchement acquise à l'époque, avec un stéthoscope en guise de matériel justifiant sa conduite. Ce sera mon calvaire jusqu'à ce que je persuade mes parents que le ping-pong n'était pas pour moi. Et surtout, j'étais en âge de me garder tout seul (mais ce n'est pas la faute de mes parents). J'ai honte de ne pas mettre mon nom sur cette page, car j'ai honte de raconter cette histoire seulement maintenant et de tout ce qu'impliquerait mon témoignage public… mais, malheureusement ou heureusement, je l'ai fait quand même, j'espère de tout mon cœur que ce témoignage forcera à pousser plus loin les investigations afin de ne plus laisser cet agresseur libre de ses agissements. Et, malheureusement, nous ne devons pas être les seuls (les deux ados et moi), trente années nous séparent environ. Pour info, à la psy, dès que l'on se rebelle, il arrête, cela a été mon cas et sûrement pareil pour les ados. Il doit prendre le moins de risques possible, cela doit être en partie pour ça qu'il ne s'est pas fait prendre jusque-là…

On franchissait un cap dans l'abomination. Il n'y avait plus que des agressions sexuelles, mais carrément du viol ; ça dépassait l'entendement. Vous vous demandez si l'Enfer existe, je vous dirai que oui ; il est sur Terre. Le pire était de se dire que cette lettre ne pèserait pas grand-chose du fait de son anonymat ainsi que de la prescription des faits. La personne qui avait réussi un sublime travail de résilience en écrivant cette lettre se voyait trop âgée pour intenter une action en justice, quel dommage, non, quel dégoût !

Cet écrit scinda encore les esprits des gens. Entre ceux qui pensaient que la lettre était fausse et ceux qui condamnaient mon père de l'avoir écrite pour récupérer la place de président du club, ça n'avait plus aucun sens, la bêtise humaine à son apogée et à son paroxysme ! Nous devions ne pas réagir à cela, être forts, souffrir avec une patience exemplaire !

Quelques jours plus tard, à la veille du procès, nous dûmes nous présenter à la Cité judiciaire de Nancy pour l'expertise psychiatrique. Le but était de voir si notre version des faits était la même qu'au début de l'instruction et si elle coïncidait avec la réalité, si nous n'exagérions pas. Mon frère et moi, une nouvelle fois, dûmes raconter ce qui s'était passé, mais face à une caméra. Une série de questions plutôt gênantes, mais nécessaires suivit. On me passa en registre tout le vocabulaire sexuel en me demandant si je savais ce que cela signifiait et si j'avais subi un des termes évoqués. Je répondis « non » et la psychiatre poursuivit en me questionnant sur mon état depuis, si je buvais de l'alcool, me droguais ou fumais. Toujours négatif. Je prenais juste un traitement léger contre l'angoisse et étais suivi par une psychologue et une psychiatre, ce qui peut se comprendre. J'avais des accès de violence et, parfois, je faisais des crises existentielles. Mon père passa après moi, et comme il connaissait mon agresseur depuis trente ans, on lui demanda logiquement si lui n'avait rien subi, il rétorqua que « non » (je m'étais souvent posé la question, car il le connaissait déjà quand il était adolescent). Ma mère ne fut pas entendue, car elle ne le côtoyait pas, puis vu que c'était une femme et qu'en plus elle était adulte, elle avait le combo parfait pour ne pas être inquiétée.

On quitta la Cité judiciaire, prêts à revenir quelques jours plus tard pour le procès. Nous étions soudés et ne faisions qu'un dans cette épreuve à traverser. On quitta le domicile aux alentours de midi et demi. Sur la route, nous fûmes escortés par deux véhicules de la gendarmerie, un devant, l'autre derrière. On se serait vraiment cru dans un film d'action ou à suspense, mais, franchement, je m'en serais bien passé. Notre avocat nous attendait devant le tribunal. Nous n'avions pas d'horaire fixe, nous pouvions passer à treize heures comme à vingt et une heures. C'était le moment d'entrer. Après avoir passé le portique qui vérifie que vous n'avez pas d'objets dangereux susceptibles d'envoyer un pédophile au royaume d'Hadès, on entra dans le hall principal. L'intérieur était vraiment classe, le parquet brillait, et les plafonds étaient si hauts qu'on aurait pu croire qu'ils touchaient le ciel.

Je vis mon agresseur au loin. Il était au côté de sa femme et de sa fille. Sa femme vint nous dire « bonjour ». Elle était une victime collatérale de son mari. J'espérais au plus profond de moi qu'elle repartirait seule à l'issue de ce procès. Pour l'instant, je lui laissais le bénéfice du doute, puisque le procès n'avait pas encore eu lieu ; je me forçais à croire qu'elle ne savait rien. Dans la salle d'audience, nous étions assis à seulement quelques mètres de lui. Autant vous le dire maintenant, notre affaire n'était pas près de passer. Les heures passaient et les diverses affaires se succédaient. À la barre, un pauvre homme, le visage dépité, comparaissait pour un vol sans grande envergure. Le vol était son unique recours pour subsister et avoir une sorte de revenu financier. Il était trop âgé pour être embauché et avait été dans l'obligation d'enfreindre la loi ; il avait volé plusieurs cartouches de cigarettes à différentes personnes pour les revendre individuellement. Ce n'était pas la première fois qu'il volait et sa récidive lui coûta quatre mois de prison ferme.

Beaucoup de comparutions immédiates suivirent, avec pas mal de cas liant les prévenus à des affaires de stupéfiants. Le stress qu'après chacune des affaires la mienne passe me mettait dans une telle situation d'angoisse que je dus sortir. Mon père resta dans la salle, tandis qu'avec ma mère et mon frère, on se dirigea dans le parc le plus proche pour prendre l'air. J'étais dehors, mais je restais enfermé dans ma tête avec des pensées qui faisaient rage, j'étais comme une bête en cage. Ma mère commanda une petite barquette de frites à un commerçant du parc, je n'y touchai point. Ces derniers temps, je ne mangeais presque plus, je me laissais aller.

Tant de questions me venaient à l'esprit ; des questions existentielles et ce que j'étais en train de vivre me laissaient vide de l'intérieur. J'avais des idées noires, le mal de vivre, et dans ce chaos, je n'avais aucun exutoire. J'étais persuadé que ce procès ne me guérirait pas, tandis que le type qui avait en plus de mon frère et moi fait d'autres victimes ne serait pas condamné à juste mesure. Le sort allait s'acharner.

Nous retournâmes en salle d'audience et, cette fois-ci, c'est un pédophile qui purgeait une peine sûrement dérisoire par rapport aux faits qu'il avait commis qui demandait, dans son box, une remise en liberté. J'hallucinais qu'on puisse avoir le culot de faire une telle demande, surtout en entendant la présidente énumérer les actes pour lesquels il était en prison. C'était complètement absurde. Il avait violé deux enfants de respectivement 3 ans et 6 ans et il était question de remettre cet homme dans la nature ; on nageait en plein délire. Deux policiers étaient debout derrière lui. Ils attendaient le verdict et l'humanité du tribunal eut raison de la perversion, puisque sa requête fut refusée. Malgré ce verdict qui me soulagea quelques instants, je me sentis mal et m'éclipsai aux toilettes.

Je m'enfermai dans une des cabines, j'étais en sueur. J'essayais de me divertir en jouant sur mon téléphone, mais je n'y parvins pas. Je me demandais comment j'allais remonter la pente, et mon esprit se focalisa sur deux options : le buter ou me suicider. Tant d'images me venaient à l'esprit sur la Mort, s'il fallait tout lâcher ou aller jusqu'au bout de mes idées. Toutes ces pensées me torturaient l'esprit avec une intensité si forte que j'en fis tomber mon téléphone. L'écran se brisa. Je ne réagis pas. Quoi qu'il en soit, je devais attendre l'issue du procès.

Je regagnai la salle d'audience. Notre affaire était sur le point d'être énoncée. La pièce s'était vidée, car, au moment des faits, mon frère et moi étions mineurs, donc automatiquement le huis clos était instauré. Nous demandâmes à notre avocat de lever ce huis clos pour que sa femme assiste au funèbre récital de la présidente qui allait accabler son mari. Ma présence n'était encore que physique, je ne voulais pas croire que je faisais partie de cette affaire. Après avoir passé en revue la bassesse de ce qu'il avait commis, c'était à lui de s'expliquer à la barre. Il ne nous regarda pas une fois, sa lâcheté était au même niveau que sa personne. Pas une fois, il ne s'excusa. On lui demanda alors de s'expliquer sur ses pulsions perverses, et vous allez voir que même en touchant le fond, il creusait encore :

— Je n'ai aucune pulsion sexuelle concernant Ben, il était trop jeune au moment des faits, 13 ans il me semble, son corps n'était pas formé. En revanche, pour son frère, j'étais attiré par lui en tant qu'adulte, puisque sa croissance était finie à l'âge de 16 ans. J'ai essayé d'avoir un rapport sexuel avec lui, il m'a repoussé et on en est restés là. Je l'ai peut-être même confondu avec ma femme, je ne m'en souviens plus trop. Je ne suis pas pédophile, madame la présidente, je suis bisexuel. J'ai erré pendant quelques années.

Aussi aberrant que cela peut-être, il venait vraiment de tenir ce discours. Mon frère se redressa, mais notre avocat lui fit signe de rester assis. Moi, c'est le mot « erré » qui m'avait outré, comme s'il s'était aventuré quelque part au gré du hasard. Même si c'était dur à entendre, il ne fallait pas s'emporter. L'avocat de notre agresseur appuya ses propos et tentait de nuancer les faits pour obtenir une réduction de peine qui, de toute façon, allait être dérisoire. Je n'avais même pas la force d'éprouver la moindre émotion, j'étais absent.

Notre avocat avança à la barre. Il pointa du doigt son égocentrisme surdimensionné ; seule la peine qu'il aurait l'intéressait. Dans le passé, il s'était démené pour me trouver mon stage de troisième que je fis dans l'enceinte de *L'Est Républicain*, un journal local. Il avait également trouvé des jobs d'été pour mon frère. Toutes ces attentions, qui au premier coup d'œil paraissaient bienveillantes, étaient ternies par sa perversité débordante. Notre avocat évoqua par la suite qu'il avait déjà avoué les faits en confrontation, sur l'enregistrement, et que des faits d'une gravité hautement supérieure avaient été rédigés anonymement.

Pour contrer ses dires, son avocat appuya sur la lettre anonyme qui aurait très bien pu être écrite par un membre de notre famille. Elle le défendait de manière intelligente tout en l'accablant, mais avec une raison à chaque fois. Après les deux plaidoyers, la présidente demanda si quelqu'un voulait venir ajouter quelque chose. Après un long silence, mon père se leva et se dirigea à la barre.

C'est avec une voix fébrile, submergée par les émotions, qu'il exprima sa tristesse infinie et sa désolation de n'avoir rien vu. Il connaissait ce type depuis trente ans et était son ami. Comment avait-il pu passer à côté de ces agissements ? Je ne lui en voulais pas. Comment aurait-il pu imaginer une chose pareille d'un ami ? C'est à partir de ce moment que j'allais douter de tout le monde et ne plus faire confiance à personne.

La présidente et ses assesseurs se retirèrent pour délibérer. Notre avocat nous avait mis en garde que la peine serait minime. Après tout, il avait juste prodigué des agressions sexuelles et des viols, il n'avait pas vendu de drogue ; il ne méritait tout de même pas une lourde peine, voyons ! Après une vingtaine de minutes, la condamnation tomba. Le tribunal a tranché : 8 mois de prison avec sursis, une interdiction d'exercer une activité bénévole ou professionnelle en lien avec des mineurs pendant une période de 5 ans, ainsi qu'un préjudice moral et un fichage aux délinquants sexuels. Du sursis… Il s'en tirait avec du sursis et de l'argent à nous verser. Si j'avais pu, moi, lui donner de l'argent pour qu'il pourrisse en prison, je peux vous garantir que je l'aurais fait. Mais à la place, ce type allait rentrer chez lui le soir tranquillement avec sa femme qui ne le laissait pas tomber et poursuivre sa vie tranquillement ! C'est à se demander si une castration chimique coûte trop cher.

C'est un des grands mystères qui, encore aujourd'hui, me hante. Pourquoi sa femme est-elle encore avec ? Elle apprend que pendant trente ans de sa vie, ça n'a été que des mensonges, de la manipulation, des agressions sexuelles et des viols sur des gamins et elle reste encore avec ? Je me suis retourné le cerveau durant des soirées entières à me demander ce qui pouvait la faire rester, mais je n'ai jamais trouvé ; elle seule pouvait y répondre.

Le procès était fini, mais n'abrégeait en rien mes blessures intérieures ; j'allais continuer de payer une agression subie. Pendant encore longtemps. Très longtemps. Je ne le savais pas encore, mais j'allais enchaîner les désillusions et les déconvenues. De nombreuses fois, j'allais vouloir abandonner, être enfin en paix. Mais je m'en relèverai… pour retomber. Ma psychologue me dira que ma faculté à rebondir est extraordinaire et qu'il ne faut jamais que je la perde.

Je devais rester debout. Debout pour celles et ceux qui doutent, ou celles et ceux qui se murent dans un silence rongeur qui vient hurler aux tréfonds de leur âme. Debout pour celles et ceux qu'on ne croit pas, celles et ceux qu'on ne soutient pas et enfin debout pour celles et ceux qui ne le sont plus. C'est pour toutes ces personnes que je devais rester debout.

Je m'accrochais fermement à la rambarde de la vie même si j'en étais souvent déstabilisé.

Chapitre V
Le clown

Je ne pouvais pas rester là à me dire que je sombrais, pendant que lui était libre comme l'air. Il fallait que j'agisse, que je fasse ce que la Justice avait négligé.

J'avais repris l'école, juste après l'affaire, et tout était normal, ou presque. Je ne m'alimentais plus correctement. J'étais mince, trop mince, à tel point que chacune de mes côtes se distinguait sans que je rentre le ventre. Je n'avais que la peau sur les os. Certains des gars de mon collège en profitaient pour se moquer de moi à longueur de temps. Je ne les blâmais pas. À cette époque, je pensais encore que l'ignorance pouvait excuser la méchanceté, qu'il n'y avait pas d'intelligence du mal qui entraîne une destruction de l'autre gratuitement. J'étais naïf. Je prenais donc sur moi et, à la maison, j'attendais que tout le monde dorme pour grignoter en cachette et prendre du poids. Quand mes parents le découvrirent, ils prirent rendez-vous avec la principale de mon collège. C'est mon père qui m'accompagna et il raconta pourquoi je ne mangeais plus comme avant. Je baissais la tête. Je ne voulais en aucun cas que l'on s'apitoie sur mon sort et qu'on me prenne sous son aile ; je voulais juste finir l'année tranquillement. Je me souviens que la CPE présente lors du rendez-vous m'avait incité à relever la tête, car ce n'était pas à moi d'avoir honte. Elle avait raison, mais elle ne me comprenait pas. J'éprouvais tout de même de plus en plus de honte. Je culpabilisais de n'avoir rien fait face à l'agression de ne pas m'être débattu lorsqu'il me touchait entre les cuisses dans sa voiture. Cette culpabilité ne me quittait pas, je n'arrivais pas à me convaincre que, dans la vie, on ne maîtrise pas tout et qu'à tout moment on peut tomber sur ce genre de type qui a un pète au casque. J'essayais de surmonter tout cela en pensant au brevet qui arrivait.

J'avais fait pas mal d'efforts sur mon comportement au collège, mais, de nombreuses fois, j'avais frôlé l'exclusion définitive. Je peux vous raconter quelques-unes de mes péripéties, mais seulement quelques-unes, car sinon il faudrait une trilogie pour tout vous dire.

Une fois, lorsque j'étais en 5e, en cours de Maths, la professeure (que je n'affectionnais pas particulièrement) me demanda quel métier je voulais faire plus tard. Je savais qu'elle connaissait mon faible intérêt pour sa matière et les Sciences, donc pour la taquiner, je répondis « médecin ! ». Elle comprit assez vite que je me moquais carrément d'elle, alors elle pointa mes faibles résultats et me dit qu'elle ne viendrait jamais dans mon cabinet si je réussissais. L'occasion était trop belle, je rétorquai qu'elle avait mal compris, que je voulais être médecin, pas vétérinaire. Je pris quatre heures de colle, mais à l'époque, je trouvais que ça en valait franchement la peine !

Je montai encore d'un cran supplémentaire l'année d'après, en classe de 4e. J'avais deux amis avec qui on formait un trio d'enfer ; nous faisions les 400 coups. Une belle après-midi, lors d'un cours d'italien, je battis tous les records. Ça commença dans le couloir où je pris une heure de retenue, car, avec mes deux acolytes, on bousculait les autres dans le rang. À peine rentré, je pris un mot dans le carnet pour « bavardages intempestifs ». L'heure se poursuivit quand la professeure se rendit compte de mon inattention et me demanda de répéter ce qu'elle venait de dire. Évidemment, je pouvais compter sur une âme charitable qui me murmura tout pendant que la prof attendait avec impatience que je me trompe pour doubler la mise dans mon carnet. Hélas pour elle, je répondis avec justesse, et étonnée, mais surtout déçue, elle me demanda :

— On t'a forcément donné la réponse ! Alors, on dit merci qui ?

Dans cette situation, on a deux options. La numéro une est de se taire afin de ne pas s'enfoncer plus qu'on ne l'est, et l'option numéro deux consiste à se dire qu'au point où on en est, on ne risque plus grand-chose. Vous comprenez bien que je n'ai pas choisi la première option. Je scandai :

— On dit merci, Jacquie et Michel[2], madame !

Ne faites pas semblant de ne pas connaître ! Cette remarque qui débordait de finesse et d'intelligence me valut deux heures de colle et un mot. Plus une autre heure de colle au moment de me rendre mon carnet, car je notifiais à la prof qu'elle avait mal orthographié « Jacquie et Michel ». À la fin de cette heure, je cumulais alors quatre heures de colle ainsi que deux mots dans mon carnet.

Ce genre de conneries, dont je me souviendrai encore longtemps, coûta à mes deux potes et à moi un conseil de discipline chacun. Ludo passa le premier et fut immédiatement exclu définitivement. James le seconda et fut changé de classe avec une magnifique prime d'une semaine d'exclusion. Je passais après ces deux énergumènes, je n'en menais pas large. J'étais assis en bout de table avec, en face de moi, mon professeur principal, mes deux CPE, la principale, le principal adjoint ainsi que mes parents. Tout ce beau monde s'était réuni rien que pour moi, mais je m'en serais plutôt bien passé. Ils scrutèrent mon dossier scolaire et mes notes me sauvèrent la mise ; j'écopai d'une semaine d'exclusion.

L'année se finit convenablement. Ma troisième démarrait bien jusqu'au moment où nous portâmes plainte. J'étais assez bon élève avec 14 de moyenne générale, mais mon comportement changeait. Je n'avais plus de patience avec personne et je devenais violent. Je voyais les autres garçons comme de potentiels futurs agresseurs. Ma réalité des choses était altérée. Un élève, qui aimait faire des prises de soumission à tout le monde, a fait les frais de cette violence. Il était

---

[2] Merci Jacquie et Michel : Slogan popularisé par le site pornographique « Jacquie & Michel ».

ceinture noire de judo et vous pensez bien qu'en corps à corps, il m'aurait détruit. Un jour de pluie où nous allions à la piscine, il jeta mon sac dans la boue. C'était trop pour moi. Je me saisis d'une pierre qui était au sol et l'insérai dans le creux de ma main. Je l'interpellai, il se dirigea vers moi et je lui mis mon plus beau coup de poing, toujours avec la pierre dans ma main. Je le touchai en plein dans la tempe. Il s'écroula. Il fut emmené par les pompiers, et moi, dans le bureau de la principale. Une nouvelle semaine d'exclusion m'attendait ainsi qu'une procédure disciplinaire. Je me devais de terminer l'année dans de bonnes conditions. J'obtins mon brevet avec la mention bien ! J'étais plutôt content, car je travaillais très peu pour les résultats que j'avais et je me disais qu'il y avait un domaine où je m'en sortais pas trop mal !

Cette satisfaction ne dura qu'un temps, puisque, pendant les vacances, je retombai dans mes travers ; je mangeais peu, je ne voyais personne et je me ressassais toutes les tournures qu'aurait pu prendre l'affaire si j'avais agi. Il était insupportable pour moi de me dire que je n'avais rien pu faire. Je fis ce que je n'avais pas fait pendant très longtemps, reprendre des visites avec une psychologue. Le feeling ne passait pas tellement, et lors de la visite mensuelle avec la psychiatre, je choisis de continuer avec elle. J'y allais une fois par semaine ou une fois toutes les deux semaines, selon comment ça allait. Cela m'aidait énormément, car je n'avais pas de réel ami à qui dire tout ce que j'avais vécu. Encore une fois, j'éprouvais tant de sentiments néfastes à l'égard des autres et de moi-même, que je ne pouvais exprimer quoi que ce soit. Je me murais dans un tel silence que mes idées noires reprirent le dessus sur moi.

C'était décidé, j'allais tuer mon agresseur. J'avais 15 ans, et je me renseignais pas mal sur le Droit concernant les mineurs. Je regardais s'il y avait une légitimité à ce que j'allais faire et quelle serait ma responsabilité ainsi que celle de mes parents. Tous les soirs, des jours durant, j'allais voir tous ces sites bondés d'informations sur les peines des mineurs qui commettaient un assassinat, s'il pouvait y avoir des circonstances atténuantes… J'étais prêt ! J'avais écrit sur une feuille de papier dans les détails comment j'allais m'y prendre et ce qui me motivait à agir de la sorte. J'allais m'introduire chez lui avec une arme à feu et un couteau. Le couteau pour le poignarder et l'arme à feu pour me suicider juste après, car je ne suis pas quelqu'un de fondamentalement mauvais ; je n'étais pas comme lui. Je me disais que, comme j'étais mineur, si je le butais, mes parents pourraient purger une peine de prison ou verser des indemnités alors que si j'abrégeais mes jours juste après l'avoir tué, ils seraient épargnés par la Justice. Mon plan était assez bien pensé et j'avais peu de risques de le rater. Ma mère, qui suspectait quelque chose d'anormal ces derniers temps, profita de mon absence pour fouiller mon ordinateur. J'avais vidé tout mon historique, elle ne trouva rien.

Je ne dis rien à personne, pas même à ma psychiatre qui me trouvait de plus en plus mal en point. Elle en alerta mes parents. Je ne voyais personne, ces vacances, j'étais plus seul que jamais. Je mentais à mon entourage en leur affirmant que tout allait bien ; j'avais du mal à encaisser la vérité pourtant évidente. À la maison, c'était aussi compliqué avec mon frère avec qui on s'insultait fréquemment. La veille d'un rendez-vous avec ma psychiatre et mes parents (sur sa demande), mes plans allaient être bouleversés. Nous étions à table, lorsqu'une nouvelle fois je me pris la tête avec mon frère. La situation dérapa et il se leva pour me frapper. Je brandis alors un couteau et le plaçai devant lui. Je lui dis :

— Touche-moi, je te plante !

Une fois qu'il se recula, je posai le couteau et regagnai ma chambre. J'enfilai une paire de running et en prétextant descendre mes habits pour faire une machine à laver, je sortis de chez moi. Il faisait nuit, je ne savais pas où j'allais, mais je courais sans m'arrêter. Je n'avais rien sur moi, ni un téléphone ni de quoi communiquer. Après une heure, environ, à vagabonder, je décidai de rentrer. Mon frère était parti en voiture pour me chercher, il rentra quelques minutes après moi. J'allai me coucher en gardant en tête que j'avais une mission importante ces prochains jours et que je ne devais pas passer à côté.

Le lendemain, au rendez-vous, alors que mes parents expliquaient ce qui s'était passé la veille, la psychiatre me demanda de sortir de la pièce. C'était la première fois qu'elle me demandait cela. Une vingtaine de minutes plus tard, je regagnai son bureau. Elle me dit que, dans les prochains jours, j'irai à l'hôpital. Elle répondit vaguement à mes questionnements sur quel hôpital c'était, pourquoi j'y allais et pour combien de temps. Je ne pouvais pas me permettre d'y aller trop longtemps. Elle me dit de prendre des affaires pour quelques jours, je refusai. Je lui fis comprendre que c'était impossible.

Je demandai alors à mes parents de sortir. Une fois ces derniers sortis, j'expliquai à ma psychiatre pourquoi je ne pouvais pas attendre quelques jours d'hospitalisation, que j'étais limité dans le temps. À l'époque, je n'avais pas conscience que le secret professionnel pouvait être bafoué pour notre propre sécurité ou celle d'autrui. Elle m'expliqua qu'elle ne pouvait me laisser faire une chose pareille et que si j'allais au bout, j'irais en prison. La prison ou un sursis en hôpital ? Je fus admis le lendemain à l'hôpital pour ma sécurité, mais surtout pour celle de mon agresseur.

Chapitre VI
Une chute sans fond dans un hôpital sans fin

J'arrivai à la hauteur de la barrière, accompagné de ma mère qui conduisait. La grandeur du complexe me frappa. C'était un véritable village à l'intérieur d'une ville. On slalomait entre les bâtiments qui me semblaient communs les uns aux autres. Après dix minutes, on arriva devant un panneau portant l'inscription : « Horizon ». Bien curieux d'appeler un hôpital psychiatrique ainsi. C'est ici que je passerai plusieurs jours. Combien ? Je ne le savais pas encore. On descendit de la voiture et nous nous dirigeâmes vers la grande porte en verre de l'entrée, sûrement renforcée, qui surplombait le bâtiment. Je ne mis pas longtemps à m'apercevoir de la sécurité qui était mise en place pour que personne ne soit tenté de s'échapper. J'étais cloué au sol. Ma mère sonna.

Une femme du service s'approcha et ouvrit une porte qui précédait celle où nous attendîmes. J'essayais de distinguer mon nouvel environnement. Enfin, une des infirmières ouvrit cette fameuse porte à l'aide d'un badge, puis nous accueillit avec un large sourire, en guise de bienvenue. J'entrai, suivi de ma mère. L'infirmière me dirigea dans une petite salle entre les deux portes blindées. Je patientais pendant que ma mère, dans une autre pièce, remplissait des papiers pour mon internement.

Les secondes passées à attendre dans cette salle me parurent une éternité et le stress commença à m'envahir. Elle revint, accompagnée de la même infirmière et elles se placèrent dans la première pièce après l'entrée. Toujours souriante, elle me demanda d'une voix douce de bien vouloir la suivre dans une salle où nous attendait le médecin. Je dus expliquer mon histoire et ce que j'attendais de l'hospitalisation.

Une ambiance austère y régnait. Les dix adolescents qui, comme tous, étaient de passage étaient comme conditionnés à cette nouvelle vie : une vie rythmée par l'ennui, les médicaments, les permissions, les deux appels téléphoniques et les deux visites hebdomadaires de la famille proche. J'avais l'impression d'être détenu dans une prison ultra-protégée et sécurisée comme on pourrait le voir dans les films. Les infirmiers seraient les gardiens de la prison, les médecins seraient les responsables, et nous, les détenus errants, déambulant dans le service. Je les voyais comme des larves. Ils étaient morts, mais vivaient.

Leurs journées se résumaient à tourner en rond dans leurs chambres, avec pour seules activités un billard et une table de tennis de table (qu'on trouve également en prison, tiens donc !) dans la pièce principale. Il y avait également une salle à manger où les repas étaient servis deux heures avant les heures habituelles de tout le monde. S'ils avaient de la chance et qu'il faisait beau, il y avait un panier de basket juste à l'entrée du bâtiment. Mais ça, je ne le savais pas encore. Je ne savais également pas que les téléphones étaient interdits. L'infirmière me demanda le mien. J'envoyai un dernier message à une amie qui m'était proche et je rendis mon téléphone. Après des au revoir intenses à ma mère, elle partit. Je la regardai s'éloigner peu à peu, j'étais attristé.

Peu après, je découvris ma nouvelle chambre et sortis mes affaires une par une sur mon lit sous le regard scrupuleux de l'infirmière. Elle confisqua ma ceinture pour éviter une pendaison, puis mon déodorant pour éviter que je m'injecte le contenant dans la bouche. Ces méthodes m'interpellèrent. Je ne savais plus si j'étais dans un hôpital ou dans un asile. Je m'allongeai sur le lit à place unique drapé à l'effigie des hôpitaux de France. La chambre, peu meublée, contenait le minimum : un lavabo, un petit bureau avec au-dessus une étagère pour ranger le peu d'affaires que l'on pouvait apporter et une armoire sur la gauche du lit avec à l'intérieur quelques cintres. Le tout ancré dans le sol pour éviter tout débordement.

En sortant de ma chambre, je reconnus une fille qui était dans mon collège. Une gêne s'installa, mais on parvint tout de même à discuter. La majorité des personnes présentes était là pour des tentatives de suicide. Elle en faisait partie. Elle avait ingurgité une quantité importante de médicaments, mais s'en était sortie. D'autres étaient là pour des crises de nerfs, de l'angoisse, des idées noires et des tas d'autres soucis…

Il y avait en tout dix chambres, plus une qui intriguait et terrifiait à la fois. C'était une chambre avec un lit, des toilettes et une douche en inox, évidemment fixés dans le sol, mais elle avait une particularité ; des lanières étaient accrochées aux extrémités du lit. C'était une chambre d'isolement. On pouvait y rester un certain nombre de jours en cas de forte crise. Durant mon séjour, une seule personne fut envoyée en isolation ; elle avait balancé une table dans une baie vitrée et était devenue incontrôlable. Les accès de violences n'étaient, fort heureusement, pas fréquents, car la fameuse chambre d'isolement dissuadait les rébellions.

Quand il faisait beau, nous avions le droit de sortir dans un parc à l'extérieur du centre. Nous étions évidemment encadrés par des infirmiers et des éducateurs. Les sorties se faisaient rares, mais il fallait les savourer et se vider l'esprit. Comme mon comportement au centre était bon, j'avais le droit de me désolidariser du groupe pendant l'espace de quelques instants afin de courir dans le parc. Le sport me maintenait en vie. Plusieurs fois, lorsque je courais, je pensais sans cesse à m'échapper, à fuguer, mais pour aller où ? Ma clairvoyance me disait que si je me faisais la malle, mes conditions au sein de la résidence seraient insoutenables. C'est pourquoi je faisais tout pour rester le moins longtemps.

La médecin qui me prenait en charge le remarqua et me convoqua. Dans cet entretien, elle me dit que je devais cesser de me retenir, de tout garder. Elle et l'équipe d'infirmiers se réunissaient chaque jour pour débriefer la journée qui venait de s'écouler. Elle m'expliqua que ma sortie du centre se ferait en fonction elle et que plus je me renfermerais, plus je resterais pour qu'on analyse ma personnalité. Je ne voyais pas de quelle personnalité elle parlait. Comment voulez-vous que quelqu'un qui prend des médicaments matin et soir dans des proportions délirantes ait une personnalité ?

Elle me dit également que les infirmiers avaient remarqué que la nuit, aux alentours de trois heures du matin, je me baladais à poil dans les couloirs. J'étais vraiment gêné quand elle me l'annonça, mais vu qu'elle riait, je me mis à sourire. Voilà que le traitement me rendait somnambule. J'avais un traitement lourd, très lourd ; matin et soir, je devais ingurgiter deux cachets de Rispéridone[3] doublés de deux cachets d'Atarax[4]. J'étais complètement dans le gaz. La prise de médicaments était elle aussi contrôlée méticuleusement. Après chaque cachet avalé, nous devions ouvrir la bouche pour montrer aux infirmiers que nous ne cachions rien dans la paroi de notre mâchoire.

Nous vivions au rythme institué par l'hôpital. Le lever se faisait vers 8 heures du matin et 9 heures les week-ends. À la suite, nous déjeunions et prenions une douche. Pour ceux qui le souhaitaient, il y avait des activités sportives le matin et/ou l'après-midi, Dieu merci ! Les repas étaient ceux des hôpitaux classiques, pas besoin d'étayer pour comprendre que ce n'était vraiment pas bon, pour ne pas dire autre chose ! Les horaires, eux, étaient ceux d'une maison de retraite, mais comme plus personne ne savait comment il s'appelait, ça n'était pas dérangeant. Nous avions le droit de regarder la télé (qui était enfermée dans un cadre renforcé transparent) et d'écouter de la musique à partir de 16 heures 30. Je peux vous dire que dès que j'ai su cela, j'ai utilisé un de mes deux appels hebdomadaires pour contacter ma mère afin qu'elle me ramène un MP4.

J'écoutais tous les jours de la musique en faisant quelques devoirs pour ne pas perdre les quelques neurones qui me restaient. Si vous n'entreteniez pas votre corps et votre esprit, vous aviez d'office votre

---

[3] Médicament qui traite plusieurs conditions comme la dérégulation grave de l'humeur, l'agressivité ou l'irritabilité.

[4] L'Atarax est un tranquillisant qui traite les anxiétés légères.

place à Jardiland au rayon des plantes vertes ! Le soir (plutôt en fin d'après-midi) se déroulait le repas où il y avait très peu de bruit. Nous mangions, en espérant tous que c'était le dernier repas dans cet endroit. Certains allaient directement se coucher après avoir dîné ou buvaient un thé avec les infirmiers. Moi, quand je le pouvais, je regardais les DVD à disposition. Ce n'étaient pas des chefs-d'œuvre de Clint Eastwood ou de Martin Scorsese, mais je trouvais tout de même de quoi passer du bon temps. Malgré le fait que je l'avais déjà vu, je me rappelle encore quand un mec et moi avons regardé *La Tour Montparnasse Infernale* avec les fameux Éric et Ramzy. On avait tellement rigolé. Je l'aimais bien, ce gars. Il s'appelait Yoann et il était là parce qu'il avait littéralement pété les plombs chez lui ; il avait fracassé une vitre avec son crâne et s'était retrouvé à Horizon. Ici, il dormait tout le temps et se plaignait quand il devait faire du sport. Il était plutôt mou, mais d'une extrême gentillesse. Ça m'a fait vraiment mal quand il est parti, mais c'est ainsi.

Au milieu de mon séjour, je suis allé à l'unité principale du complexe pour une prise de sang et un électrocardiogramme. Cette unité est particulière, puisque les personnes de tous les services y vont pour des examens minimes. Je me souviens, j'attendais avec une fille de mon unité qui venait également pour une prise de sang. Elle était très réservée. Ses grands yeux noirs étaient vides et ses bras mutilés. Elle était internée, car elle avait tenté de se suicider après qu'un groupe de son collège l'avait harcelée. J'échangeais avec elle dans la salle d'attente, tentant de faire abstraction de ce qui se passait autour.

Il y avait un vieux monsieur avec une barbe blanche qui attendait avec deux policiers derrière lui. J'essayais de ne pas le regarder. Il y avait aussi une dame qui avait la quarantaine dans un fauteuil roulant, qui poussait des cris stridents, c'était insupportable ! Un homme, plus jeune, assis à une dizaine de mètres de moi, tentait de faire la discussion avec les autres patients. Il lisait des magazines de voitures et de motos et s'esclaffait quand il voyait un modèle qui lui plaisait. Après une bonne demi-heure d'attente, ce fut mon tour de passer.

Je commençai par l'électrocardiogramme. Mon cœur battait vite, mais rien de préoccupant, le stress d'être dans cet endroit sûrement. Au moment de remettre mon t-shirt, l'infirmière me rappela qu'il me restait la prise de sang. La piqûre ne me dérange pas, en revanche, c'est ce qui allait se passer qui était problématique :

— Votre veine est très visible, jeune homme, ça va aller vite.

Je souris. Ma veine ressortait très largement, mais au moment où elle inséra l'aiguille dans mon bras, je me mis à hurler ; ma veine avait « roulé » sur le côté et l'aiguille se planta dans mon os. L'infirmière s'excusa, embêtée. Je ne lui en voulais pas, je voulais juste rentrer chez moi.

Une fois par mois, l'unité dans laquelle je me trouvais, organisait une sortie sur la journée. Ne vous attendez pas à quelque chose de dingue comme Disneyland Paris, mais c'était quand même cool. Nous étions allés visiter un château ancien avec à l'intérieur un musée sur la vie médiévale. C'était vraiment un bon moment qui, à mon sens, a plu à tout le monde.

Le lendemain, j'étais retombé au plus bas. Je demandai à parler à la médecin et ma requête fut acceptée. Dans son bureau, je lui dis que ce n'était pas ma place ici et que je me sentais mal. Elle sembla être ravie que je ne mente plus et que je me livre enfin. Je l'implorai de me laisser rentrer chez moi, mais elle refusa. Cependant, elle accepta une permission de deux jours le week-end. J'étais aux anges.

Mon père vint me chercher à 17 heures et on rentra. Je voyais ou téléphonais à mes parents et mon frère tous les deux jours, mais les voir un week-end, c'était énorme. Le soir, ma mère me rapporta, en sortant de son travail, un seau de poulets de chez KFC, mon fast-food préféré. J'étais heureux, mais je ne montrais rien. J'étais profondément marqué par ce que j'avais vu les jours passés ; je ne voulais pas les attrister ou leur faire peur. Durant ces deux jours, j'ai vu également certains de mes amis, lors d'une partie de foot, qui évidemment ne savaient pas pourquoi j'avais disparu des radars. Je mentais en leur disant que j'avais dû faire une opération du bras suite à une blessure lors d'un entraînement de tennis de table.

Quand je revins à l'hôpital, je n'exprimais toujours rien. Je me devais de ne rien montrer pour ceux qui étaient restés là et ceux qui n'avaient pas de permission, car ils n'avaient plus de famille ou de personnes chez qui se rendre. Je m'en voulais déjà terriblement d'être ici et me trouvais égoïste de ne pas réussir à surmonter tout ce qui m'arrivait, alors ce n'était pas le moment d'en rajouter. Mes parents devaient faire le rapport à la médecin de comment s'était passé le week-end et on envisagea une sortie pour la fin de semaine. Je ne me réjouis pas instantanément, car tout pouvait aller vite à cet endroit.

Le lendemain, j'eus le droit d'aller dans l'atelier de l'hôpital faire des graffitis sur les murs. Tout le monde ne pouvait pas y aller, car on y maniait des objets tranchants dans certaines tâches. Alors que d'autres fabriquaient un petit enclos en bois pour les oiseaux, je peignais tranquillement sur un mur le logo de mon club de football favori : le Real de Madrid. Il était plutôt réussi. Voilà l'empreinte de mon passage dans ce lieu de folie qui allait toucher à sa fin.

Après l'activité, je parlai de ma permission avec l'une des infirmières et lui exprimai qu'à présent j'attendais une chose : la fin de semaine pour sortir. Elle me fit un sourire et me dit :

— Pourquoi tu ne sortirais qu'en fin de semaine ? *(Avec un léger clin d'œil)*

Je compris immédiatement que ma sortie était imminente et, effectivement, je pliai bagages le lendemain.

Chapitre VII
Du mal à remonter la pente

La vie ordinaire avait repris son cours. Je mis deux jours avant de retourner à l'école. J'étais encore un peu dans les vapes à cause des médicaments que je prenais toujours, mais en quantité réduite. Les premières semaines au lycée, après mon séjour à l'hôpital, ne furent pas simples. Le gamin nerveux que j'étais ne l'était plus ; je me faisais tout petit, discret. J'étais comme Mimi Geignarde[5] qui errait dans les toilettes ; je n'avais pas croisé le regard du Basilic, mais j'étais pétrifié à l'idée de croiser celui d'autrui.

Les élèves me demandaient ce que j'avais, pourquoi je m'étais absenté si longtemps. Ces mêmes élèves qui ne demandaient jamais de nouvelles, mais qui, pour soulager leur conscience, faisaient semblant de s'intéresser à moi. Je mentais à tout le monde. Pendant mon séjour à l'hôpital, lors de ma permission, j'avais raconté à celui que je considérais comme mon meilleur ami, sans rentrer dans les détails, pourquoi j'étais hospitalisé. Il ne s'était pas passé plus de cinq jours qu'il l'avait déjà répété. Sous les questions insistantes d'autres camarades, il avait craqué. J'étais furieux sur le coup, mais je compris avec le temps qu'il ne fallait pas attendre des autres plus que ce qu'ils étaient capables de faire. On ne peut compter que sur soi, les réponses sont en nous. Avec mon traitement et un peu de temps, je parvins à remplacer beaucoup de mes maux par des mots.

---

[5] Mimi Geignarde : Personnage de l'univers d'Harry Potter, Mimi Geignarde est un fantôme qui hante les toilettes des filles. Elle y est morte après avoir croisé le regard du Basilic, le monstre de Salazar Serpentard.

Un mois après ma sortie, je redevenais plus souple d'esprit. Je réduisais de semaine en semaine mes doses médicamenteuses. C'est précisément à cette période que j'eus un retour de tous les effets secondaires du Rispéridone que j'avais pris en quantité astronomique ; j'avais, en un seul mois, pris sept kilos, des spasmes musculaires très fréquents, un développement pour le moins excessif de mes glandes mammaires, et mes jambes qui tremblaient toutes seules. C'est un article dans le journal qui expliquait que de nombreuses personnes avaient porté plainte contre le médicament qui me le fit arrêter instantanément. Je réussis à dissiper tous les effets indésirables en quelque temps.

Je repensais assez souvent à ce que j'avais vu à Horizon, ce qui m'obligeait à ne jamais me plaindre de ma condition. Je ressassais toute la détresse que j'avais pu voir chez certaines personnes qui étaient annexées de la société. Personne ne savait qu'elles étaient ici, seules, sans famille sans rien. Il y avait même un cimetière dans le complexe pour tous les oubliés de l'extérieur. Ce n'est pas l'erreur, mais bien l'horreur qui est humaine.

La psychiatre qui me suivait fut mutée dans la ville voisine et on me mit entre les mains d'une autre professionnelle. J'allais plutôt bien, je la voyais plus pour parler de la pluie et du beau temps qu'autre chose. Il s'agissait surtout pour elle de voir comment j'allais depuis que j'étais sorti de l'hôpital. Je jouais moins au tennis de table. Un de mes plus grands remords à ce jour est d'avoir loupé, cette année-là, les Championnats de France par équipe. Mon équipe finissait première de France alors que moi, je n'y avais pas participé, car, depuis l'affaire, je ne voulais pas dormir avec d'autres hommes ; l'histoire de mon frère m'avait traumatisé. J'arrêtai quelque temps après le tennis de table pour le football (d'abord dans le city stade de ma ville). Je ne pouvais guérir dans l'environnement qui m'avait rendu malade.

La fin de la première année de lycée touchait à sa fin et je devais choisir la filière dans laquelle j'allais me diriger. Le choix n'était pas compliqué, je détestais les maths et sur les trois bacs généraux qui étaient possibles de faire, deux en contenaient. Je n'étais pas un grand adepte des chiffres, de la logique mathématique ; tout ça était parfaitement abstrait pour moi. Et vous savez quoi ? On ne m'a jamais demandé à la suite de mes études de résoudre « 7 (x+13) – (x+4) (x+13) » en entretien d'embauche. Il m'arrivait parfois de tricher, car le système éducatif met les élèves en compétition, et cela me plongeait dans un profond stress. Non, je déconne. C'est un grossier mensonge. Une vaste plaisanterie même. J'étais seulement, un branleur fini qui usait de son infinie connerie pour s'en sortir dans des matières qui ne me serviraient jamais à rien.

Je me souviendrai toute ma vie de mon brevet blanc de français. J'avais eu un 7/20 avec un prof qui valait également 7/20. J'avais, déjà au collège, le projet de me diriger vers une voie littéraire. Il m'avait dit de ne surtout pas y aller, que je n'avais pas le niveau que ça allait être un carnage. Je vous laisse le plaisir d'attendre quelques lignes et de connaître ma note à l'écrit au bac de français.

Il y avait du mieux dans beaucoup de domaines, mais mon rapport aux autres était toujours difficile, surtout avec les filles. Il y avait en moi quelque chose qui ne se remettrait jamais, d'irréversible ; la confiance. Dès lors que j'avais attiré un homme (mon agresseur), je me demandais si je pouvais attirer une femme et me faisais plein de scénarios ainsi. Je confondais homosexualité et pédophilie. En apparence, j'étais flamboyant et avais une confiance inouïe dans tout ce que j'entreprenais, mais comme souvent, derrière le nez rouge du clown se cachait une tristesse infinie. J'arrêtai de voir ma psychiatre et repris le cours paisible de ma vie.

À présent, je faisais du foot en club. Je n'avais pas du tout le même niveau qu'au tennis de table, j'étais nettement moins bon, mais j'étais avec mes potes, et ça, c'était le plus important. J'étais le seul de ma famille qui avait arrêté. Mon entourage me disait que c'était bien dommage. Mon père avait eu des mots forts en me disant que c'était du gâchis. Que voulez-vous ? Je faisais ce qu'il y avait de mieux pour moi. Le foot était un monde différent. Déjà parce que c'était collectif. On pouvait se faire nos raisons et désigner par mauvaise foi une ou des personnes responsables quand on perdait un match, chose impossible au tennis de table. De plus, il y avait les après-matchs où l'on allait chez quelqu'un pour jouer à la console ou simplement passer du bon temps entre coéquipiers. Le foot avait une place importante dans ma vie, tout comme le sport en général.

Je me rappelle les vacances d'été, juste après ma sortie de l'hôpital où de nouvelles angoisses me vinrent. C'était généralement au moment de prendre ma douche que cela se produisait et je sortais au plus vite pour que les questions et les images souvent insoutenables disparaissent.

Pour remédier à ça, je faisais régulièrement des city stades avec mes amis et regardais les matchs de foot chez eux après. Je jouais tous les jours en fait. Ma mère me répétait souvent de ne pas faire que ça, de sortir voir du monde à Nancy, d'aller boire un coup dans un bar. Je savais pertinemment que, pour mes parents, « voir du monde » voulait dire rencontrer des filles. Mais je ne pouvais pas. J'étais bloqué à cause de ce que j'avais subi. Je me disais que si une fille venait à apprendre que j'avais été victime d'abus sexuels, elle se moquerait, elle ne comprendrait pas comment c'est possible. J'avais vraiment peur que ça arrive et je m'étais juré de ne jamais le dire.

C'est peut-être à cause des mentalités actuelles que je raisonnais ainsi. Je me disais qu'il y avait un certain tabou, comme les hommes qui se font battre par leur conjointe et qui ne peuvent sortir de cette situation, car ils sont tétanisés par le jugement qu'il leur serait fait. La société est ainsi faite ; on nous vend les femmes comme des êtres sensibles que l'on doit protéger, incapables de se défendre seules, et a contrario, l'homme se doit d'être viril pour ne pas dire insensible. Tout ce ramassis de conneries monte à la tête de chacun qui tente de trouver sa place.

Trouver sa place, c'est pourquoi à la rentrée j'allais voir une énième psychologue. Comme beaucoup, j'avais une conception de la vie planifiée. Il fallait que je trouve une petite amie à tel âge, qu'on fonde une famille à un instant précis et tout était calibré. Évidemment, ce n'est pas comme ça que la vie était conçue et j'allais vite le savoir. Je lui faisais part de mes angoisses de ne jamais trouver ma moitié et de finir ma vie seul. J'appuyais mes propos sur le vécu de quelques amis qui, eux, avaient beaucoup de choses à dire sur le sujet. Elle me disait que j'avais la vie devant moi et que ce n'est pas non plus parce que je sortais avec une fille qu'elle deviendrait ma femme plus tard. Une fois, pendant une séance, elle souligna que j'avais peur des femmes. Je ne comprenais pas comment elle pouvait avoir ce discours. Je l'interrogeai :

— Vous pensez vraiment que j'ai peur des femmes depuis mon agression ?

— Je pense que vous en avez eu peur toute votre vie.

C'était trop. Je ne voulais pas entendre parler de ça : peut-être parce que c'était vrai. Je me levai comme une furie et je pliai bagage. Encore une fuite.

J'avais en tête un reportage que j'avais vu précédemment, qui évaluait la durée standard des couples à trois années. Ça coïncidait beaucoup avec le reste ; le manque de communication, le fait de jeter quelque chose quand il ne marche plus sans essayer de le réparer, ou simplement l'infidélité. Oui, simplement, hélas. Tout renvoie à tout, il faut juste avoir le coup d'œil et observer ce qu'il se passe autour.

Après plusieurs semaines à me questionner, je décidai de retourner en consultation. Elle me posa une question sur mon impulsivité, sur comment je la gérais à présent. Je lui dis que je parvenais à mieux contrôler mes émotions, mais que quand elles étaient trop fortes, je partais dans les extrêmes : soit j'étais au fond du gouffre et je ne parvenais pas à me ressaisir, soit j'étais dans une sorte d'euphorie et rien ne pouvait m'arriver. Ma psychologue me prit alors un rendez-vous avec le chef du service psychiatrie de l'hôpital le plus proche.

Je stressais beaucoup à l'idée de le rencontrer. Je me disais qu'avec un simple rendez-vous avec ma précédente psychiatre, j'avais fini coincé dans un hôpital et je n'avais aucunement envie que cela se reproduise. Je l'avais déjà rencontré quand j'avais 6 ans et il avait eu cette phrase dont je me souviens encore : « Tu n'es qu'un Rambo des bacs à sable. » J'en ris à présent, mais quand mes parents m'en parlent, ce n'est pas le rire qui en était ressorti le jour où je l'avais entendu.

J'entrai dans son bureau accompagné, car j'étais mineur, et nous nous installâmes. Il lut mon dossier médical et on commença à passer en revue les étapes qui m'avaient amené ici. Je lui expliquai que j'étais fatigué de tout ça et que je voulais qu'il trouve une solution finale à cette ivresse de la vie. Il prit mon cas en considération et me proposa un rendez-vous au Centre Expert des Troubles Bipolaires. Il me demanda également si je voulais reprendre un traitement et me dit qu'il pouvait me proposer un médicament à base de lithium (oui, le composant présent dans vos batteries de téléphone) pour me stabiliser, de l'Abilify[6]. J'avais encore ancré dans ma tête les dégâts qu'avait causés le Rispéridone et je déclinai le traitement pour l'instant.

Quelques semaines plus tard, j'eus rendez-vous au Centre Expert des Troubles Bipolaires. Ce centre se situait à peine à cinq minutes à pied d'Horizon dans le grand complexe hospitalier. Ma mère vint avec moi. Nous nous dirigeâmes vers l'accueil pour faire les étiquettes d'entrée, puis on alla à l'entrée du Centre. Une porte assez solide se dressait devant nous. On sonna. La secrétaire ouvrit, puis on se dirigea vers la salle d'attente. Il y avait une dame, la quarantaine environ, qui remplissait un questionnaire. J'étais l'un des plus jeunes patients, car, en règle générale, il ne travaille pas avec des adolescents ; détecter une éventuelle bipolarité chez eux n'étant pas simple. L'adolescence est une période d'altération et de changements constants, mais ils avaient tout de même décidé d'étudier mon cas.

La psychologue du service entra dans la salle et me tendit un questionnaire de dix-huit pages à remplir pendant qu'elle s'occupait de la dame. Ma mère alla faire quelques courses en attendant. Le questionnaire se découpait en plusieurs parties. Il était basé sur mon humeur et sur comment je me sentais, mais les périodes changeaient.

---

[6] L'utilisation de l'Abilify intervient lors de période maniaco-dépressive (sautes d'humeur et dépression).

Je devais répondre sur le moment, au cours des sept derniers jours, du mois ou des trois derniers mois. Les questions majeures ciblaient l'alcoolisme, le tabac, la drogue ou encore le suicide et d'autres cherchaient à connaître notre sensibilité à la musique, à notre environnement par rapport à d'habitude. Je mis un certain temps avant de parvenir à répondre à tout cela, et la psychologue se présenta dans la salle. Ma mère était revenue et nous prîmes place dans le bureau du psychiatre. Encore une fois, je dus passer en revue mon passé et lui expliquai mes changements d'humeur. Il prenait des notes sur ce que nous étions en train de lui raconter.

L'après-midi, une infirmière et un médecin étaient venus pour me faire un électrocardiogramme, et la journée au Centre se termina ainsi. Je n'avais aucune anomalie sur le plan physique. Le rendez-vous suivant était dans six mois et la psy m'avait donné un questionnaire gigantesque de plus de cinq cents questions à remplir pour la prochaine fois. Les questions variaient du tout au tout ; « est-ce que je pourrais être professeur de musique » ou « est-ce que j'avais des idées noires », c'était vraiment particulier.

Au lycée, ça se passait plutôt pas mal dans la voie littéraire. Comme toujours, je parvenais à avoir de bons résultats sans fournir d'effort, ce qui agaçait au plus haut point mon entourage, et plus précisément mon père qui me disait qu'il avait dû travailler quand il était plus jeune, car il n'avait pas de facilités (entre temps, j'ai réussi à me procurer ses bulletins d'écoliers et je me suis rendu compte que c'était une supercherie. Je ne m'étalerai pas sur le sujet, je ne souhaite pas dormir dehors).

Niveau relations avec les autres, ce n'était pas l'amour fou, je n'avais pas réellement d'ami proche. Dans ma classe, je ne parlais qu'à trois ou quatre personnes, et à l'exception d'une bonne amie, Amy, je ne voyais les autres que pendant les périodes de cours. Je faisais toujours des city avec mes potes du foot, et parfois je sortais en ville, accompagné ou non. Vers la fin de l'année scolaire, les sorties étaient moins fréquentes, car nous préparions, tous, les épreuves anticipées du baccalauréat, à savoir le français à l'écrit et à l'oral, les sciences et une sorte d'exposé en groupes qu'on devait présenter à un jury : le TPE.

Je sentais que les choses changeaient autour de moi parce que je devenais bientôt adulte. Durant cette année, je passai le code que j'obtins la troisième fois. Il fallait, pour l'avoir, faire cinq fautes ou moins ; je vous laisse imaginer qui a fait deux fois six fautes avant de l'avoir avec une seule…

Après, je dus me recenser et faire ma journée « défense et citoyenneté ». Cette journée allait m'intéresser au plus haut point, puisque je voulais soit être avocat, soit m'engager dans l'armée. C'est donc tout enjoué que j'y allais. Là-bas, je ne connaissais qu'une seule personne, celui avec qui je m'étais battu au collège. On avait oublié tous les deux ces faits et on se parlait comme deux êtres civilisés. Ils firent l'appel une première fois et je remarquai que nous étions plusieurs du même lycée. Parmi eux, je remarquai une fille que je n'avais jamais vue auparavant. Elle était vraiment jolie ; une crinière noire en guise de chevelure, un regard perçant qui pétillait, de très légères taches de rousseur sur les joues et une fine bouche. Je me demandais comment j'avais fait pour ne pas l'avoir vue avant. Je n'attendais qu'une seule chose, que quelqu'un refasse l'appel pour entendre son prénom. Je le notai pour ne pas l'oublier (comme le font les psychopathes), car je n'étais pas venu ici pour un coup de foudre à la caserne militaire, mais bel et bien pour me renseigner sur ce qu'était l'armée. La journée se passa à merveille, les anecdotes du marin qui était présent étaient incroyables, je doutais de plus en plus de mon futur métier.

En rentrant, j'allai sur les réseaux sociaux pour trouver cette fameuse fille et, au bout de trente minutes, je trouvai, elle s'appelait Diana. J'attendis un jour avant d'aller lui parler, et le courant passa plutôt bien. Je ne la voyais qu'au lycée comme beaucoup d'autres, mais, pour l'instant, ça me convenait.

Les épreuves arrivèrent et je ne ressentais pas une once de stress. Depuis ma sortie d'Horizon et ma visite au Centre Bipolaire, j'étais en parfaite harmonie avec moi-même. J'avais un bon pressentiment pour les épreuves.

La veille des résultats, je fis une soirée avec des amis dans un champ non loin de chez moi. Le lendemain, c'est mon père qui vint me réveiller avec une tête qui m'indiquait que je devais me lever et courir très très vite. Je ne savais pas s'il bluffait ou pas, il me dit :

— TPE, 6 sur 20 !

Je n'y croyais pas. Certes, on n'avait quasiment rien fait avec notre groupe, mais un 6, je ne m'y attendais pas. Heureusement que, pour cette épreuve, seuls les points au-dessus de la moyenne étaient comptabilisés. Il poursuivit :

— Science, 6 sur 20 !

Bon là, je m'y attendais, je n'avais vraiment rien foutu de l'année et ça reflétait pas mal mes résultats trimestriels.

— Je continue ? me rétorqua-t-il.

J'avais un peu peur, car le français était à un coefficient important, surtout à l'écrit. Son visage se desserra :

— T'as de la chance, t'as eu 13 à l'oral et… 20 à l'écrit sur le sujet d'invention ! Cela te fait 16 points d'avance pour le bac !

YEEEESS. J'étais super content. Je savais que j'avais performé en français, mais j'avais eu 20 à l'écrit (clin d'œil au prof qui ne me voyait pas faire un bac littéraire). C'était incroyable. En réalité, ça me faisait grosso modo 15 de moyenne en français, car l'oral me faisait baisser, mais surtout le « corpus », un écrit complémentaire au sujet d'invention où j'avais rendu copie blanche. 0/4 en corpus, 16/16 au sujet d'invention et 13/20 à l'oral sur un texte que j'ai révisé le matin dans le bus. Il ne manquait plus qu'un petit restaurant pour fêter tout ça.

Je voyais ma psychologue une fois toutes les deux semaines et il était même question d'arrêter. Je passai mes vacances à Tignes, en colonie sportive, pendant deux semaines. Il y avait plein d'activités, comme le VTT de descente, le football, le beach-volley, la randonnée ou encore la Water Jump. Pour ceux qui ne connaissent pas le Water Jump, c'est assez simple ; c'est une rampe ou un toboggan suspendu à environ 10 mètres avec l'extrémité surélevée de manière à décoller le plus loin et le plus haut possible. Je faisais cette activité un maximum de fois. J'arrivais à faire un salto avant simple, mais pour le double, je n'étais pas certain. Lors de la dernière séquence, le moniteur me dit de le tenter, qu'il allait passer. Je m'élançai donc, un salto… une moitié de deuxième salto… et… mauvaise chute, côte fêlée ! C'était un de mes classiques quand je partais en vacances : visiter les urgences (vous le comprendrez plus tard). Heureusement qu'il ne restait pas beaucoup de jours avant que je reparte. Au milieu du séjour, il y a eu de nouveaux arrivants. J'étais un peu triste, car ceux qui étaient avec moi ne restaient qu'une semaine. Je parvins tout de même à me refaire de nouveaux potes et même, oui, une petite amie que j'embrassai l'avant-dernier jour lors de la soirée prévue à la fin de chaque semaine sur une musique d'Ed Sheeran. Tout me souriait, j'avais enfin repris le contrôle de ma vie et j'étais plus serein que jamais.

Chapitre VIII
Tout est plus beau quand je suis hors de moi

Mon histoire aurait pu s'arrêter là, mais elle allait prendre un nouveau virage. Les vacances se terminaient tranquillement, j'avais regagné ma petite vie d'avant. Je parlais toujours à la fille rencontrée à ma journée « défense citoyenneté » et je lui proposai qu'on se voie à l'extérieur du lycée.

Entre-temps, j'avais eu mon deuxième rendez-vous au Centre Bipolaire et, dans leur diagnostic, j'avais un « trouble de la personnalité au niveau de la labilité émotionnelle ». En clair, mes émotions étaient disproportionnées, c'est comme si vous preniez un curseur avec deux extrémités et que mes émotions étaient soit dans l'une soit dans l'autre, mais jamais au milieu, toujours opposées radicalement. C'était soit tout noir, soit tout blanc, jamais nuancé et jamais de zone de gris. J'expliquai à la psychologue du centre que ma vie avait changé et que tout allait mieux pour moi. L'après-midi, je passai l'électrocardiogramme nécessaire et le médecin décela une anomalie sur son graphique. Il me dit que ce n'était pas grave, mais que je devais voir un cardiologue pour plus de précisions. Comme ce n'était pas important, je ne fis pas d'examen complémentaire.

Je vis Diana en dehors du lycée, on s'entendait vraiment bien. J'avais encore en tête ce que le Centre avait décelé et je faisais en sorte de ne pas trop m'attacher même si je l'aimais beaucoup. Je la ressentais plutôt réservée et je n'avais, par conséquent, pas envie de précipiter les choses. De son côté, elle n'était pas disposée non plus, car elle me disait qu'elle avait eu de mauvaises expériences dans le passé, ce que je comprenais évidemment.

La fin de l'année touchait à son but. C'était ma dernière année au lycée et je reparlais à un ancien très bon ami de mon collège, James (oui, un des trois mousquetaires qui avait eu un conseil de discipline comme moi). On s'était perdu de vue au lycée parce qu'on n'était plus dans le même, mais vous savez, nos deux esprits illuminés étaient faits pour se revoir.

Ce mec est devenu mon meilleur pote, je dirais même mon second frère ; on se disait tout. Je lui expliquai alors mon agression, je lui faisais confiance et je sais que je ne m'étais pas trompé. Il avait, lui aussi, vécu des choses pas simples qui l'avaient conduit dans le même temple de la folie que moi, Horizon. On se partageait nos expériences quand on jouait à la console ou entre deux clashs sur nos mères respectives. On aimait bien s'en mettre plein la gueule, le sarcasme nous correspondait à tous les deux. Ce gars-là me touchait en plein cœur. Je crois que nous étions pareils sur un point : on s'accrochait tous les deux à la rambarde de la vie quand notre cœur décidait de tirer la sonnette d'alarme.

Il avait été à Horizon, car il n'avait pas supporté que sa copine de l'époque le trompe après une longue relation. Lui aussi avait perdu foi. Lui aussi avait connu la solitude, le sentiment d'une traversée solitaire dans un désert. Lui aussi avait voulu en finir. Je pense que c'est là, précisément au moment où j'ai vu le vide dans ses yeux que je me suis toujours promis de m'en tenir à ces quelques mots : « Ne jamais jouer avec les sentiments de quelqu'un, les dégâts peuvent être dramatiques ».

J'aimais beaucoup sa capacité à revenir lorsque nous nous embrouillions. C'était la plupart du temps pour des histoires sans aucun sens, des désaccords sur des sujets de football ou encore de jeux vidéo comme Pokémon. Il arrivait même que nous ne soyons pas du tout alignés sur des sujets plus sérieux et quand le ton montait, nous nous braquions tous les deux. Nous pouvions rester de longues minutes sans nous dire un mot, puis il revenait avec une phrase d'accroche : « Du coup, les cours, ça se passe bien en ce moment ? » ou encore « Tu veux manger ou boire un truc ? » C'était ça la vraie définition de l'amitié, nous pouvions ne pas être d'accord, nous disputer, mais l'issue était toujours positive.

Positive comme toutes les fois où nous nous étions battus contre nous-mêmes pour nous en sortir parce que les autres ne nous comprenaient pas. Que voulez-vous, nous sommes des amoureux de la vie, des amoureux de l'amour avec un grand A, celui que l'on offre à notre famille et celui que l'on offre à nos amis. Nous avons fait le choix de toujours aimer même si la vie nous l'a presque à chaque fois fait payer très cher. Nous sommes des adeptes de cette phrase de Gandhi : « La haine tue toujours, l'amour ne meurt jamais ».

Nous sommes deux « arrangeurs » (petit clin d'œil pour celles et ceux qui ont lu *Never Split the Difference* de Chris Voss) qui préférons que la personne en face de nous soit toujours dans de bonnes conditions, dans un beau cadre de la vie quitte à ce que nous soyons effacés, quitte à ce que ça nous coûte notre santé et que ça nous détruise. James, je suis comme toi. Et j'espère que nous garderons l'humanité et l'amour dans notre cœur encore longtemps. Faire le bien, même si les gens s'en souviennent que quand ça les arrange.

Lui et moi sommes des loups, des loups solitaires qui, parfois, ressentent le besoin d'être en meute. Des loups. Nous en avons également deux qui rôdent en permanence dans nos têtes. Ils se cherchent et se battent souvent. L'un d'eux représente la lumière, le positif inconditionnel et la volonté de s'en sortir. L'autre représente l'obscurité et les ténèbres ; il est méchant, triste et aspire à toujours être malheureux. Tâchons de nourrir le plus possible le loup qui représente la lumière, car c'est lui qui nous rendra heureux.

Une nouvelle année commençait. Cette année allait être spéciale, puisque j'allais avoir 18 ans. J'étais pressé et, en même temps, je ne me sentais pas prêt à devenir adulte. Début janvier, j'avais terriblement mal au ventre. Je pensais que c'était le stress du permis ou le bac qui arrivait, mais on détecta une bactérie qu'il fallait éliminer. Après deux semaines à essayer d'éradiquer un truc invisible à l'œil nu, j'essayai de me reprendre en main, mais je n'étais plus motivé pour rien ; en rentrant de cours, je passais mon temps à jouer à la console.

Il fallait que je fasse quelque chose qui allait me redonner le sourire ; mon anniversaire. Je n'avais jamais vraiment fait mon anniversaire et c'était l'occasion pour moi de préparer une grande fête. Je galérais vraiment pour trouver une salle à louer et un nombre suffisant de personnes. Nous serions 17 en tout.

Ces derniers temps, je parlais souvent à Diana, à savoir tous les soirs au moins deux heures au téléphone. J'y étais vraiment attaché. Je voulais tenter quelque chose, mais je ne voulais pas paraître lourd, je ne savais pas comment m'y prendre. Le moi de la colonie avait disparu.

Elle avait deux très bonnes copines avec qui elle traînait tous les jours au lycée. Je savais qu'elles ne m'aimaient pas. J'étais l'inverse d'elles ; plutôt tout feu tout flamme alors qu'elles, étaient plutôt introverties. Je savais également qu'elles disaient à Diana d'arrêter de me parler, que je n'étais pas une bonne fréquentation pour elle. Vous savez, ce sont souvent les copines qui n'ont jamais eu de relations avec un garçon qui se permettent de dire aux autres comment faire. Je n'avais qu'une crainte. C'était que Diana soit influencée et tombe dans le schéma d'avoir l'impression de prendre ses décisions seule mais avec ses deux copines en arrière-plan qui tiennent les ficelles. J'essayais de ne pas trop m'en faire. Au téléphone, on parlait de tout et de rien, du lycée comme de nos amis. Je ne lui avais pas parlé de mon agression, je m'étais juré que je n'en parlerais jamais à une femme.

Le jour de mon anniversaire, j'étais en sortie scolaire avec ma classe pour élire le plus beau film d'une sélection qu'on avait regardé. C'était à la Sorbonne à Paris dans une salle somptueuse. Le ministre de l'Éducation prit la parole, suivi du réalisateur du film qui venait de gagner. C'était vraiment un bon moment. Pas mal de personnes m'avaient envoyé de beaux messages d'anniversaire, notamment

Diana qui me disait que, pour elle, j'étais quelqu'un d'exceptionnel. Même si j'ai du mal avec les belles paroles, j'avais envie d'y croire.

On était maintenant à une semaine du jour où j'allais faire ma grande fête. J'avais hâte. En cours, ce n'était pas la joie, j'avais vraiment mal au ventre et mon cœur commençait à faire des siennes. Je parlais à mon entourage uniquement de mon ventre.

Le jour J arriva. Trois amis à moi étaient venus m'aider à installer. Les gens arrivaient au fur et à mesure. Il y avait du monde qui venait de mon lycée et d'ailleurs. Vous vous demandez si j'avais invité Diana. Évidemment. Ce fut la dernière à être arrivée puisqu'elle s'était libérée d'une soirée pour venir à la mienne. À part James, personne ne savait que je l'appelais ces derniers temps. La soirée battait son plein et mes premiers potes vaincus par l'alcool commencèrent à tomber au combat. J'avais un ami à moi, Danny, qui faisait du foot dans un autre club et était dans mon lycée. Il n'arrêtait pas de coller Diana. Je ne disais rien, parce que je savais très bien qu'elle n'avait aucun compte à me rendre, mais c'était son comportement à lui qui me gênait. C'était un bon pote à moi et il m'avait déjà fait le coup il y a quelques années quand je parlais avec une autre fille. À ce moment, il venait juste de se séparer de sa petite amie. Je lui avais déjà parlé à ce sujet et j'avais remis sa loyauté en doute. Il avait naturellement arrêté de lui parler comme un pote l'aurait fait. J'espérais qu'il n'allait pas récidiver.

Je passai donc la soirée avec James et d'autres potes à boire et danser comme des dingues. Vers 2 heures du matin, j'étais complètement torché. J'étais sur une chaise, assis, dans les vapes. Beaucoup étaient repartis. Diana, toujours assise à côté de mon pote, se leva et vint me voir. On sortit discuter dehors.

Je ne sais pas ce qui m'a pris, mais mes idées noires de suicide revinrent. Je transgressai ma parole en lui évoquant mon agression. Je lui expliquai aussi que j'avais un problème émotionnel et que j'étais très attaché à elle. Je ne parlai pas d'amour, puisque je n'y croyais pas, pour moi, ça n'existait pas. Elle me parla aussi d'elle et me dit des choses de sa vie qu'elle n'avait jamais dites à personne. Elle me dit qu'elle ne pouvait sortir avec moi, puisque, dès qu'elle rencontrait un garçon, à un moment donné, elle ressentait du dégoût à son égard, et ce pour n'importe qui. Je voulais la croire et c'est ce que j'ai fait. Je lui parlai alors de mon pote et elle me rassura en me disant que c'était juste pendant la soirée, qu'il ne s'en souviendrait plus après et elle non plus. Après plus d'une heure de discussion profonde et intense, elle rentra tandis que moi, je restais dehors encore quelques instants.

Je ne voulais pas abandonner ; cette fille-là n'était pas banale, ce n'était pas que « physique », c'est tout ce qu'elle représentait qui me comblait. La fin de soirée se déroula normalement. Les jours qui suivirent furent très compliqués ; je ne dormais plus, ma poitrine me faisait mal. Je voulais que tout s'arrête, me reposer enfin, tranquillement. Les crises d'angoisse que je faisais la nuit m'épuisaient. Certains jours, je mettais même des coups de poing dans le mur pour calmer mes nerfs. C'est à ce moment-là que j'ai compris que j'avais vraiment besoin d'une aide, mais radicale. Il me restait des cachets de Rispéridone de mon passage à Horizon.

Un matin, alors que ma poitrine me faisait encore défaut, j'allai chez le médecin. Ma fréquence cardiaque frôlait les 110 battements par minute au repos. Je me disais qu'un cachet de Rispéridone suffirait pour redescendre. Le soir, exténué de ma journée, je pris un de ces cachets. À mon grand étonnement, je me réveillai le lendemain. Maintenant que ça s'est passé et avec du recul, je me permets un peu d'humour noir. J'allai au lycée normalement, mais les effets commencèrent une fois dans le bus. À chaque virage, je balançais d'un côté, je pensais que j'allais chuter dans l'allée centrale. J'ai tenu le coup, mais, à ma première heure de cours, au bout de dix minutes, je m'endormis. À la pause, je tentai de me faire vomir aux toilettes. En vain. J'agonisais dans les couloirs, mais j'eus la force de rentrer chez moi.

Bien évidemment, je ne dis rien à mes parents. Il était hors de question de leur donner de l'inquiétude. J'en avais parlé à mon professeur de philosophie avec qui je m'entendais super bien. Il m'aidait beaucoup dans mon cheminement personnel pour atteindre la paix intérieure et se démenait pour venir en aide non pas qu'à moi, mais à toute personne qui tirait un bon profit de sa charité.

Je ne m'en doutais pas sur le moment, mais le lendemain, il avait appelé mes parents. Lui et mon CPE m'expliquèrent qu'ils n'avaient pas d'autres choix, car si je continuais à médicaliser mon existence, ça finirait mal. Mon père me demanda pourquoi j'avais fait ça, me dit que les médicaments auraient pu me tuer et étaient périmés. Je restai muet.

Le soir, j'étais au téléphone avec celle que je n'ai plus besoin de vous présenter, parce qu'elle m'avait vu mal, au lycée. J'étais obligé de lui dire la vérité et même si elle comprenait pourquoi je faisais cela, elle ne le cautionnait pas. Elle me proposa de me voir à l'extérieur du lycée, en ville. Nous nous retrouvâmes le week-end, dans un parc, sous un soleil resplendissant, assis comme de petits vieux sur un banc à l'ombre. Il faisait chaud, mais pas trop. Elle entra dans le vif du sujet. J'hésitais. Au lieu de me dire que je lui en avais déjà trop dit, je me trahis une nouvelle fois et lui expliquai ce que je traversais. Elle semblait attentive.

À mon tour, j'essayais de la connaître un peu plus sans vouloir passer pour un enquêteur des services secrets. J'appréciais le fait qu'elle parle aussi, car je ne voulais en aucun cas prendre tout l'espace. Elle me redit certaines choses qu'elle n'évoquait nulle part ailleurs, ce qui me donnait une posture spéciale ; on se comprenait sur certains points.

J'allais repasser mon permis que j'avais raté le premier coup, et comme je le repassais en même temps que Danny qui avait délibérément passé la soirée de mon anniversaire avec elle, je lui demandai de ses nouvelles. Ils se parlaient sans plus, comme deux amis. Je me disais que, pour qu'il y ait plus entre eux, il faudrait du temps, qu'une relation ne se faisait pas en un claquement de doigts. Je me répétais surtout qu'il ne me ferait jamais cela. Je me posais beaucoup trop de questions, sur tout et en permanence ; c'était lassant.

J'avais besoin d'être aidé, mais je ne voulais rien. Ma psychologue me prit rendez-vous avec une psychiatre pour mettre en place un traitement, mais quelque chose bloquait, mon cœur. J'eus alors un rendez-vous chez une cardiologue. J'y allai la semaine qui suivit et elle demanda une IRM, car elle n'arrivait pas à déceler ce que j'avais. Le graphique de mon électrocardiogramme avait une anormalité et personne ne savait ce que c'était. J'avais vraiment peur d'avoir une maladie ou un truc du genre. La cardiologue me disait que ça pouvait être physiologique. Quand je faisais du tennis de table à haut niveau, je faisais chaque année un test d'effort ainsi qu'un électrocardiogramme, et jamais rien n'avait été découvert.

Le week-end, je fis une soirée avec des amis à seulement quelques dizaines de mètres d'une autre fête où il y avait Danny. Un moment où il était dehors, j'allai lui parler. Je l'appréciais, donc je prenais de ses nouvelles, on parlait foot, du bac blanc qui venait de se dérouler ainsi que de nos vies privées. Je lui dis que, pour mon cœur, je devais arrêter le sport jusqu'à l'IRM et que c'était compliqué. On parla une bonne vingtaine de minutes. À cette soirée, il y avait la Diana et l'ex-petite amie de Danny. Je lui demandai donc ironiquement comment il passait sa soirée. Sans filtre, il me parla de son ex qu'il avait quittée et à présent il le regrettait. Il l'aimait encore, il me parlait d'elle avec cette petite étincelle dans les yeux. Je n'avais plus de doute à avoir, j'étais fixé. Des deux côtés, ils m'avaient confirmé qu'ils n'étaient qu'amis.

J'avais fait une grosse erreur en les croyant. Quelques jours après, ils s'étaient mis en couple. À présent, au lycée, j'allais aux toilettes plus de cinq fois par jour, j'avais la nausée. Je me demandais comment certaines choses pouvaient arriver, s'il y avait encore une éthique et des valeurs chez les personnes.

Le week-end qui suivit, je fis une soirée chez un ami avec qui je passais pas mal de temps à jouer à la console. On était tous les deux nuls, mais tant qu'on jouait ensemble, on s'amusait bien. J'avais, pour ne pas changer, de grosses douleurs au ventre. Au milieu de la soirée, alors que Diana ne prenait plus de mes nouvelles, elle m'appela à deux reprises. Je ne répondis pas. Je fis un bref passage dans la salle de bains pour humidifier mon visage, et quand je regagnai la pièce principale, ils étaient là. Elle. Et lui. Comme ils étaient dans le coin, ils avaient, sans aucun scrupule, décidé de passer dans notre soirée.

« Tu ne sais donc pas ce que j'ai fait, hein ? Pour revenir vers toi ! Espèce de salope. Tu ne sais pas comment j'en ai chié à enchaîner les consultations, séjour à l'hosto et compagnie. Tout ça en partie pour toi ; pour être à la hauteur de celui que tu voulais que je sois. Et pour voir quoi ? Que tu te tapes un de mes meilleurs potes. Tu ne le vois pas que je t'aime comme un fou depuis deux ans. Putain, mais Ben... réveille-toi, elle n'en a rien à cirer de ta gueule. Je t'aime Diana. » Ces mots tournaient dans ma tête sans trouver de porte pour sortir.

Leur comportement de venir s'exposer devant moi me fit comprendre un peu plus de choses sur le genre humain. Des faces que je ne soupçonnais pas chez de jeunes personnes. Ils n'étaient peut-être plus si jeunes. J'étais non pas énervé ni jaloux, mais j'étais vide et dégoûté. Je vous jure, c'est dément, les hommes tuent et sont impliqués dans les affaires de mœurs, tandis que les femmes manipulent et jouent avec les cœurs. Restez des enfants !

Mes parents me disaient de ne pas m'inquiéter, que je trouverais mieux, car j'étais joli garçon, mais je ne voulais pas mieux, parce que j'étais convaincu qu'il n'y avait pas. Je pense que j'aurais fait beaucoup pour elle ; peut-être même trop. L'Amour était mort. Je l'aurais sans doute aimée à lui en faire du mal, je l'aurais aimée comme Ronaldo a aimé le Réal, mais ça, il fallait qu'elle le voie. Elle semblait tout de même être la seule qui voulait bien de moi.

Mes problèmes émotionnels me rendaient faible par rapport à ces situations ; qu'est-ce que je pouvais me détester ! J'avais l'impression qu'on profitait de mon attachement abusif qui faisait les montagnes russes. J'avais une vision erronée de la femme. J'aimais beaucoup ma mère et ma grand-mère avec qui j'étais proche et n'arrivais pas à trouver une femme à leur hauteur. Toutes me décevaient, toutes partaient.

Avec le recul, je pouvais mettre ça sur le compte de l'âge, mais je n'y arrivais pas. Diana, Danny, je voulais vous demander si au moins, vous vous êtes rendu compte de la souffrance que j'ai éprouvée durant toute cette histoire ?

Je devais, la semaine d'après, aller au Centre Bipolaire ; six mois s'étaient déjà écoulés et ma vie était un véritable fiasco. La veille d'y aller, je voulais en finir, partir. J'écris alors une lettre à ma famille. Le lendemain, même routine : le questionnaire, les entretiens et l'électrocardiogramme. La psychologue me demanda ce qui avait changé ces six derniers mois, pourquoi j'en étais arrivé là. Je ne savais pas quoi lui répondre. Je lui racontai certaines de mes idées noires et, l'après-midi avec la psychiatre, j'évoquai un traitement pour aller mieux.

J'étais prêt à prendre un médicament qui allait me détruire avec ses effets secondaires. Je ne lui dis pas ce que j'avais en tête après. Je finis à 14 heures 45. J'avais sur moi un sac, avec une boîte de cookies, des affaires de rechange, de l'eau et un couteau. Ma mère attendait un message de ma part quand j'avais fini pour qu'elle sache quand je rentrerais. Je lui avais dit que j'allais voir James en ville, mais il en était tout autre. Je marchais sans jamais m'arrêter et, à un moment, j'envoyai un ultime message à ma mère :

« Je ne rentrerai pas ce soir, je vous ai écrit sur mon bureau. Je vous aime et suis désolé. »

Je voulais partir comme j'étais venu, sans donner d'explications.

Vous le savez, je suis bien plus doué à l'écrit qu'à l'oral. Ces derniers temps, c'est très difficile de remonter la pente. Quand je me lève pour aller en cours, je suis déjà plié en deux. Une fois sur place, c'est encore pire, j'ai la nausée, la gerbe. Si je continue à y aller, c'est uniquement, car je sais qu'il y a du monde autour de moi qui est là pour moi, donc, jusqu'à maintenant, je tenais le coup. Mais à présent, je touche à ma propre fin. L'idée de me reposer me paraît la plus plausible face à ce que je traverse. J'ai le mal de la vie, mais je ne trouve pas l'antidote. Je suis fatigué de devoir lutter en permanence, lutter contre moi-même. Fatigué également de voir qu'autour de moi, aucune personne ne partage des valeurs qui sont pourtant essentielles comme la fraternité, la loyauté, l'amitié ou encore la confiance. Je n'évoque pas l'amour, car je pense que le véritable amour n'existe pas. Il n'y a que de l'attachement abusif ou de la manipulation et du mensonge pour satisfaire ses désirs personnels. Machiavel disait la chose suivante : « Il est beaucoup plus sûr de se faire craindre qu'aimer. » Je suis intimement convaincu que sa citation colle avec le réel dans le sens où si une personne a de l'amour et des sentiments positifs, elle n'aura qu'avidité et ingratitude en retour. C'est pourquoi j'essaye de donner un maximum de moi aux autres tout en sachant ne rien recevoir d'eux. Je me rends dès lors compte que j'ai rendu tout le monde heureux, ou du moins pas mal de personnes sauf moi. Ce que je viens de mettre en évidence ne s'applique évidemment pas à vous. Vous êtes ce que j'ai de plus cher ici-bas, mais je ne peux l'exprimer à l'oral. Je serai éternellement reconnaissant de tout l'accompagnement et l'amour que vous m'avez offerts. Mais il vaut mieux vivre un jour comme un lion que cent ans comme un mouton, et j'ai, à 18 ans, fait le tour de ce que je voulais voir et je ne veux pas que la boucle se répète indéfiniment. Comme vous le savez, je mène un combat qui me dépasse contre les agressions sexuelles en France, et mon livre, du moins les parties traitant de cela, est terminé. C'est un combat qu'il faut poursuivre, car il est loin d'être gagné. J'aimerais qu'il soit publié pour prévenir et empêcher ces abjections à l'avenir. Certaines personnes verront alors que le Ben à qui elles collaient des étiquettes néfastes n'est pas partout le même. Récemment, on m'a dit que j'étais égoïste. J'ai vomi juste après. Vomir sur la condition humaine qui te jette quand tu n'apportes plus rien. Tout le monde finit un jour par partir, par vous lâcher. Tout est éphémère. Cependant, il existe des exceptions. Je suis convaincu, Adri, que ta petite amie en est une, prends en soin, c'est denrée rare de nos jours. Mon seul regret aura été d'exprimer des sentiments forts à des personnes qui n'en valaient pas la peine et de ne jamais avoir dit à ma famille que je l'ai aimée. Je regrette tout ce que je suis. L'Odyssée humaine poursuit son chemin.

Votre ami Ben

Je ne pouvais pas m'en aller sans laisser une trace de mon passage, une explication. Mes tourments psychologiques qui avaient suivi mon agression m'avait eu, il fallait que je cède ma place, je n'étais plus dans le réel. J'envoyai un autre message à mon prof de philosophie en le remerciant pour ce qu'il m'avait apporté durant l'année passée et je publiai sur les réseaux sociaux un petit message dans lequel j'expliquais vouloir me reposer, que j'aimais tout le monde et n'en voulais à personne. Les gens, quels qu'ils soient, sont destinés un jour ou l'autre à vous quitter.

Ensuite, j'éteignis mon téléphone et je me mis en route sans savoir où aller. Mon cœur battait plus vite que jamais, je voulais marcher jusqu'à ce que mort s'ensuive. J'errais sans but (là c'était une véritable errance). J'avais bu toute mon eau pour ne pas en user quand j'aurais marché trop longtemps. Pour moi, ce que j'étais en train de faire, c'était parfaitement ma vision de la vie, marcher sans savoir où aller ; être partout et n'aller nulle part. Je me changeai pour ne pas être repéré. J'avais, la veille, préparé un survêtement de rechange et une veste pour être plus à l'aise et pas reconnaissable.

J'arrivai vers un chemin de forêt qui séparait deux autoroutes. Un petit pont surplombait les deux voies. Je m'assis au centre et pensai à ce qui se passerait si je sautais ; j'emmènerais sûrement quelqu'un avec moi et je ne voulais pas de cela. Mon problème, c'était de trop réfléchir. En permanence.

Je continuai mon bonhomme de chemin. Plusieurs heures s'étaient déjà écoulées. J'aperçus des camionnettes de la gendarmerie qui circulaient à proximité. Je m'éloignai donc et me retrouvai face à une étendue d'eau à courant rapide où des personnes s'entraînaient au canoë-kayak. Plus de cinq heures s'étaient écoulées. Je m'assis et contemplai leur entraînement en mangeant un brownie au chocolat que j'avais gardé du repas du midi partagé avec ma mère et mon frère. Une fois leur entraînement fini, je repris la route.

Je marchai jusqu'au parc où j'avais auparavant vu Diana. Je me rassis sur un banc ; celui sur lequel nous nous étions installés. Mes tripes se resserrèrent, j'avais terriblement mal. Ma bouche, sèche, tremblait sans raison. Je me demandais ce que je devais faire. Un magnifique paon blanc s'approcha de moi avant de paonner « leoooon » ; il venait pour du pain, j'imagine, et je lui donnai des miettes de gâteaux.

Ensuite, je me dirigeai vers un deuxième banc où nous avions également passé du temps. Je sortis mon couteau. Je voulus le planter en plein dans ma cuisse, mais à une trentaine de mètres, des enfants jouaient. Plutôt glauque comme situation ! Je le plantai alors sur ma gauche, bien fixé sur le banc, que je lacérai ensuite.

Je me résignai à devoir marcher jusqu'à mon dernier souffle et repris le chemin vers la ville. Il était tard, très tard, j'étais exténué. Les semaines entières d'insomnies pesaient sur mes épaules. Je me demandais de quelle manière on allait me retrouver. Je commençais à devenir dingue. Une petite voix chuchotait dans ma tête comme un journal télévisé qui annonçait ma disparition ; cela m'arrivait souvent quand j'étais agité de l'intérieur.

Toute la journée, j'avais eu l'impression de marcher dans des endroits inconnus qui n'avaient pas de fin. Je vagabondais de ville en ville, les bâtiments se ressemblaient et les gens venaient puis partaient. Ils étaient partout, mais n'allaient nulle part.

Étant donné que je sortais très peu, mes connaissances des alentours étaient très limitées. Il y avait des places sympas, d'autres moins. Je ressentais ce que ressent quelqu'un qui ne sait pas d'où il vient et qui ne sait pas où il va. Je fuyais le regard des gens, je fuyais ma condition. Mais tous ces éléments que je fuyais étaient à mes trousses. Tout finissait par me rattraper. Tout finissait par m'envahir.

Il devait être 23 h 30 et, de dehors, je vis un match de foot à l'intérieur d'un bar. Ça faisait peut-être dix minutes que j'étais scotché devant la vitre à contempler une équipe que je n'affectionnais pas particulièrement se faire littéralement démolir, quand, derrière moi, j'entendis un klaxon. Je ne me retournai pas, puisque même dans l'état végétatif dans lequel j'étais, je savais que, derrière moi, c'était les voies des trams. Je me disais que quelqu'un avait dû traverser n'importe comment, car, comme dans toutes les grandes villes, le soir, il y a plein de monde dans les bars et les discothèques.

Un second klaxon. Je fis demi-tour et tombai nez à nez avec une camionnette de la police. Ils me fixaient pendant que moi, je me demandais quoi faire. Partir en courant ? Aller les voir ? Je ne fis aucun des deux et me replongeai dans le match. Une vitre se baissait :

— Jeune homme ?

J'avançai vers eux.

— Comment tu t'appelles ?

J'avais les traits tirés, la fatigue avait rongé mon visage. Je murmurai :

— Adri, je m'appelle Adri, monsieur.

Ne me demandez pas pourquoi je n'avais aucune explication rationnelle à donner. L'un d'eux sortit de son véhicule et me demanda de poser mon sac ainsi que de reculer de deux mètres. Je m'exécutai. Le policier ouvrit mon sac et y trouva mes vêtements qui correspondaient à ceux du signalement. Il me regarda :

— Monsieur, comment vous vous appelez ?

Je craquai.

— Je m'appelle Ben.

— Monsieur Ecuyer, c'est bien vous ?

— Oui.

Il me proposa de monter dans la camionnette à l'arrière. J'éclatai en sanglots. Pendant qu'un policier appelait les autres patrouilles ainsi que mes parents, j'attendais derrière, inconsolable, avec son collègue qui tentait de trouver les mots pour me calmer. Il m'expliquait que ça arrivait, que j'avais pété les plombs, mais qu'on allait m'aider. Je répétais inlassablement « je suis désolé », que « même me suicider, je n'avais pas réussi ». Je lui dis que je ne voulais pas aller à l'hôpital, que ça n'était pas pour moi. Il avait le regard triste, parce qu'il savait que j'allais y aller.

Il m'assurait que c'était nécessaire et me raconta que, il y a deux semaines de cela, il s'était fait une blessure qu'il pensait minime, mais ne voulait pas voir un spécialiste, car il pensait y parvenir seul. Sa femme insistait et, finalement, il avait une entorse. Je réfléchis.

Pendant qu'ils appelaient une ambulance et les pompiers, mon père et mon frère arrivèrent. Je sortis de la fourgonnette. Mon père me tomba dans les bras. On pleurait tous les deux. Je n'avais jamais vu mon père pleurer depuis le décès de ses parents, c'était un moment assez particulier qui nous marquera. Le policier nous fit monter à l'arrière du véhicule. Il me retomba dans les bras et me répétait « Pourquoi ? Mais pourquoi tu as fait ça ? ». Je lui répétais que j'étais désolé, vraiment désolé, et que je ne savais pas. J'avais, depuis mon agression, non pas une crainte, mais une extrême vigilance envers tous les hommes et je ne pouvais pas avoir de contact physique avec eux sans avoir la chair de poule. Cette fois fit exception.

Je savais que pour mon père comme pour moi c'était difficile. Je le pris dans mes bras : « Je t'aime, Papa. » Il me dit que lui aussi et m'implora de ne jamais recommencer. Je lui promis. Les pompiers étaient arrivés. Je pris place sur le brancard, parce qu'il fallait vérifier le fonctionnement de mon cœur. Il était normal. Je pleurais de rage contre moi et suppliais les pompiers de partir. Je leur disais qu'il y avait plus important, que de véritables urgences les attendaient. Ils m'emmenèrent à l'hôpital.

Un des pompiers resta avec moi. Je lui racontai ma vie et lui expliquai mon geste. Il semblait très touché et je me souviens que, une fois arrivé à l'hôpital, au moment de me dire au revoir, il me serra la main et me dit :

— Ne refais jamais ça ! Tu es quelqu'un d'important, prends soin de toi !

Un mec qui avait l'un des jobs les plus honorant au monde me disait que j'étais important. Je n'étais pas quelqu'un qui pleurait beaucoup naturellement, mais j'évacuais tout ce que je n'avais pas pu épuiser ces derniers temps. Je voyais tous ces gens qui attendaient d'être pris en charge. Mon père, qui m'avait rejoint, m'expliquait que je ne prenais pas leur place puisque je n'allais pas dans le même service.

Au bout d'une demi-heure d'attente, un type s'approcha de moi. Il était aux urgences psychiatriques et c'est lui qui allait décider si j'allais être hospitalisé dans l'immédiat. Je devais être bon et performant dans mes propos pour le dissuader. J'étais seul avec lui et une infirmière dans un petit bureau. Je lui expliquai brièvement ce qui m'avait conduit à fuguer et à vouloir mettre fin à mes jours. Il me demanda :

— Et maintenant, as-tu encore des pensées noires ou suicidaires ?

Question piège. Bien sûr que j'en avais, c'était évident, ces choses-là ne s'en vont pas comme cela. Je répondis :

— Non, ça va mieux, j'ai juste pété les plombs, laissez-moi retourner chez moi.

Il regarda l'infirmière et lui fit comprendre d'aller chercher mon père. Je n'étais pas à l'aise avec cet homme, le courant ne passait pas. Une fois mon père installé, il lui demanda ce qu'il pensait de ma rentrée immédiate à la maison. Il me regardait. Je pris les devants :

— Écoutez, moi, si vous voulez, je vais à l'hôpital pendant trois jours maximum, mais à une seule condition.

— Laquelle ?
— Je veux une chambre seule.

Il n'y en avait plus, alors je lui dis que je n'irais pas. Comme mon père ne savait pas trop, il appela ma mère qui était restée chez nous. Elle s'opposait à ce que je revienne. Elle avait peur que je mette fin à mes jours chez moi ou que je parte dans la nuit. Je fis comprendre à mon interlocuteur que s'il voulait que j'aille en hospitalisation, il faudrait m'y emmener de force. Il semblait hésiter et c'est lui qui abattit la dernière carte qui me convint :

— OK, tu rentres chez toi, mais tu prends un somnifère pour dormir et à 14 heures tu reviens ! Si tu n'es pas là, on envoie une ambulance et direction l'hospitalisation !

J'avais gagné. Je rentrais chez moi ce soir. Arrivé à la maison, ma mère était assise sur le canapé, le visage livide. Je lui dis que j'étais désolé et lui demandai pourquoi elle avait favorisé l'hospitalisation. Elle m'expliqua comment ça s'était passé de leur côté :

— Dès que tu m'as envoyé un message, j'ai appelé ton frère pour avoir le numéro de James, parce que je pensais que tu étais avec. Après, ton père a quitté son travail et est allé à la gendarmerie. À partir de là, ils ont quadrillé une zone, car ton téléphone a borné en ville. Après, j'ai contacté la psychiatre du Centre pour voir si elle avait des renseignements, mais tu ne lui avais rien dit. Je suis resté en contact avec elle, elle était terriblement inquiète. Je lui ai raconté que tu avais un ami à toi qui sortais avec la fille que tu appréciais et elle m'a dit de l'appeler tout de suite pour qu'il aille chez quelqu'un. C'est immédiatement ce que j'ai fait. J'ai appelé et je lui ai dit que, s'il te croisait, qu'il ne tente pas d'approche physique. Une fois qu'il était en lieu sûr, ton frère et moi sommes allés en ville pour te chercher près de là où ton téléphone bornait. À un moment, nous pensions t'avoir vu. Ton frère ainsi que son meilleur ami sont allés voir, mais ce n'était pas toi. On a montré ton portrait dans les bars, aux gens dans la rue, toute l'après-midi on a couru. Nous étions à pied pendant que ton prof de philosophie était en voiture, comme les amis de ton frère ou encore ses beaux-parents. Tu n'imagines même pas tout ce qu'on a fait. Tes potes à toi, ils ont cherché près de chez nous, dans les villes voisines. Les policiers ont fait un travail de recherche incroyable également, beaucoup de monde a été mobilisé pour te retrouver.

Plus tard, le meilleur ami de mon frère me confia que mon père lui avait dit : « Si mon gamin ne revient pas avant demain matin, je débarque chez son agresseur et je le descends ».

Je me sentais honteux et égoïste. Tout le monde autour de moi tentait de me rassurer en me disant que non, j'avais juste pété les plombs. J'allais me coucher, il était 2 heures du matin et je n'eus même pas besoin de son médicament pour dormir. À 14 heures, je me présentai à l'hôpital ; je me sentais un peu mieux, mais toujours vide et comme j'avais peur de faire n'importe quoi, je me résignai à prendre un traitement.

On me donna, en attendant mon IRM, cinq comprimés de Temesta[7], un puissant anxiolytique qui, je ne vous le cache pas, m'a fait planer. Ça me détendait vachement, mais il fallait un traitement de fond. On m'expliqua que je ne pouvais pas avoir de traitement tant qu'on ne savait pas pour mon cœur. Ces problèmes cardiaques qui m'empêchaient depuis trois semaines de faire du sport étaient aussi à l'origine de ma fugue, tout comme un tas d'autres trucs. L'hôpital ainsi que ma psychiatre s'étaient mis d'accord pour de l'Abilify, ce traitement au lithium qui m'avait déjà été proposé. Je l'acceptai.

Je ne voulais pas refaire du mal aux personnes que j'aimais. On me dit à l'hôpital que beaucoup de personnes s'étaient inquiétées et que je ne devais plus douter à présent, plus douter de ces personnes qui avaient eu cette inquiétude saine à mon égard. En rentrant, j'aperçus

---

[7] Le Temesta est un anxiolytique. Il est préconisé dans le traitement de l'anxiété lorsqu'elle est accompagnée de troubles gênants comme les crises d'angoisses ou encore l'anxiété généralisée.

mon frère ; on se serra fort dans les bras, quelques instants. Je m'excusai encore. Je pense que c'est précisément à ce moment que nous sommes devenus des vrais frères. Qu'est-ce que j'aimais ma famille ! Le lendemain, mon pote James passa la journée avec moi. Il m'apprit sa vision du déroulement de l'après-midi de ma fugue qui coïncidait avec les dires de ma mère, à un détail près.

Alors qu'il était passé dans la maison où Danny attendait qu'on me retrouve, celui-ci lui demanda depuis quand j'avais des problèmes psychologiques et tout un questionnement étrange pour quelqu'un qui ne savait rien. J'avais compris. Diana. C'est elle qui avait dû lui raconter, puisqu'elle était la seule en mesure de le faire. Mes potes James et Amy, qui le savait, ne diraient rien. Mais puisque je n'avais pas la certitude, je restai calme extérieurement. J'avais tout de même les nerfs et je me résignai à me dire que c'était devenu normal de faire cela.

Le jour de mon IRM arrivait. J'étais anxieux. On m'injecta un produit qui allait rendre des parties de mon corps visibles. Je restai une trentaine de minutes, allongé. Le docteur avait mis NRJ à la radio pour passer le temps pendant que je devais respirer, inspirer, bloquer et souffler. À la fin, le médecin qui avait la charge de décrypter l'IRM annonça tout sourire à mon père que je n'avais rien du tout. J'étais aux anges. C'est sur cette bonne nouvelle que j'allais repartir dans le positif. En fait, j'appris par la suite que j'avais eu le syndrome du cœur brisé ; comme mes émotions sont extrêmes et pas contrôlables, j'ai eu une malformation partielle au niveau de mon cœur. Il ne manquait plus que le traitement pour que tout rentre dans l'ordre. Comme prévu, j'eus du Temesta et de l'Abiliby.

Le premier jour où je pris l'Abilify, je fus pris de maux de tête tellement violents que je vomis. J'eus également la semaine qui suivit divers effets secondaires, comme des spasmes musculaires, une paralysie au niveau de ma mâchoire et plusieurs autres effets indésirables. On m'expliqua qu'il fallait donner du temps au temps, que j'allais guérir et que mon corps allait assimiler le médicament.

Depuis ma fugue, je n'étais pas retourné en cours. L'une des raisons pour lesquelles j'allais mieux, c'est que je restais chez moi. J'y retournai pour mon épreuve de sport au bac pour faire un 3 fois 500 mètres où je fis une bonne performance. Les médicaments faisaient leurs effets, j'étais plus apaisé. Amy me prenait les cours gentiment pour que je suive quand même de chez moi. Je me rendis compte que j'avais de super potes doublés d'une magnifique famille. Amy me racontait ce qu'il se passait au lycée.

Un jour, où j'allais chez elle pour travailler le bac, elle me raconta qu'elle avait vu Danny regagner l'appartement de son ex-petite amie, main dans la main, pas loin de s'embrasser, alors qu'il était encore en couple avec Diana. J'étais partagé. Je ne savais pas quoi penser. Ah si, je me disais qu'il fallait peut-être s'accoutumer, que c'était la nouvelle ère. Non ! Je ne devais pas être comme eux, même si le Monde actuel s'apparente à un gigantesque théâtre où les gens prennent plaisir à jouer, à tromper. Je préférais subir l'injustice que de la commettre.

Même si je n'allais plus en cours, je voyais mon professeur de philosophie à l'extérieur du lycée. On parlait de cours et de ce qui m'était arrivé. Il me dit quelque chose d'important ; que j'avais, jusqu'à maintenant, rencontré beaucoup de faces néfastes, abjectes et négatives de la condition humaine, et que je devais m'en servir pour avancer. Il m'a également dit que c'était une excellente chose que j'ai des moments de souffrance ; ça voulait dire que j'étais vivant.

À présent, tout allait mieux et je comptais bien m'obliger à ce que ça le reste. Pour ne pas sombrer, il fallait toujours que je me raccroche à quelque chose qui ne me referait pas retomber. Je commençai à faire du mannequinat pour retrouver une confiance en moi. Je pratiquais toujours le football, mais certaines choses du tennis de table me manquaient. Les compétitions et tournois, les amis…

L'été, je travaillais trois mois au Fort Aventure où je devais gérer des groupes dans les différents parcours, c'était vraiment une bonne expérience ! Je passai également le permis et j'allais pouvoir me déplacer plus facilement et sortir plus avec les bonnes personnes qui m'entouraient.

J'ai pardonné. Pardonné à tous ceux qui m'avaient fait du mal. Le pardon est essentiel pour avancer, mais cela ne veut pas dire oublier. Je comprenais à présent certaines choses de la vie, comme le fait qu'il y ait des circonstances (atténuantes ou aggravantes) à une personne qui agresse sexuellement ou que défendre ce type de personne au tribunal est normal. Tout le monde a droit à une défense, c'est l'égalité devant la justice. Che Guevara évoquait la chose suivante : « Il faut s'endurcir sans jamais se départir de sa tendresse. » J'allais tenter de m'endurcir et de remonter la pente à mon rythme.

Chapitre IX
Bordel, mais qu'est-ce que je vous ai fait ?

Je continuais mon bonhomme de chemin. Je m'étais même trouvé une petite amie pendant ces vacances. C'était Marla. Je l'avais rencontrée et après une dispute où je sentais qu'elle hésitait entre un autre garçon et moi, j'avais laissé tomber. Cherchant des explications, j'étais revenu lui parler et quelque temps après, nous étions ensemble.

Après mes trois mois de travail, je partis en vacances à Madrid réaliser un de mes rêves ; visiter l'emblématique stade de football du Réal de Madrid. J'étais comme un dingue. J'étais parti avec Amy, James et ma cousine, et le voyage s'était super bien passé. Nous avions découvert le Palais Royal, un musée, puis apprécié la nourriture locale ; on est même allés dans la plus grande boîte de nuit de Madrid à sept étages, c'était incroyable !

Je rentrai à la faculté de droit et le rêve aurait pu durer si je n'avais pas reçu un message de Marla qui disait qu'elle ne m'aimait plus. J'étais assez attaché à elle, mais moins que je l'avais été avec Diana. Quelques jours avant l'annonce de notre rupture, elle m'envoya qu'elle ne voulait pas penser qu'un jour, ce qu'on vivait tous les deux s'arrêterait. Encore une ! Le premier qui tombait amoureux, perdait. Je n'étais pas en colère, non, mais de nouveau, c'était le néant dans mon esprit. Ma confiance se fissurait relation après relation avec autrui. J'avais la nausée en allant à la faculté et mes intestins me signalaient douloureusement leur présence. C'était la goutte de trop qui faisait déborder l'océan. Je ne comprenais pas comment on pouvait mentir sur ses sentiments. Je sombrais à nouveau. Un mois à ne plus parler à personne, je me mettais en colère pour peu, ou aucune raison. La même boucle se dessinait.

L'année de droit se résuma être bien plus difficile que je ne l'avais imaginé. Mes notes étaient au ras des pâquerettes. Je me souviens que j'avais de l'économie. En sortie d'un bac littéraire, c'était déjà très compliqué de raccrocher le wagon alors quand j'ai su que l'épreuve était un QCM régressif, je me suis dit que ça allait être un carnage. C'était un carnage dans le fond, mais dans la forme ce n'était plutôt pas déconnant. Je n'avais pas eu ma note donc je m'étais rendu au secrétariat afin d'être sûr que personne n'avait pas perdu ma copie. La dame de l'accueil sortit un énorme paquet de copie devant moi et commença à feuilleter. Je voyais le naufrage de dizaines voire de centaines d'étudiants. Elle murmurait en même temps de passer les copies : « 0, 0, 0, 0, 0,5, 0,5, 1, 1, 1, 1, 1,5... » Elle en était aux trois quarts du paquet quand elle trouva ma copie : « 4,5 ». Ce n'était pas trop mal finalement. J'avais légèrement au-dessus de la moyenne générale de l'amphithéâtre. J'avais dû revoir mes standards de « bonne note ». Une des filles de ma promotion avait retapé sa première année trois fois avant d'obtenir 10,02 et passer en deuxième année ; elle en avait pleuré de joie toute une journée. C'est précisément là que je m'étais dit que la faculté n'était pas pour moi.

Les enseignements n'étaient pas si mal, mais les profs, c'était une autre histoire. Entre ceux qui nous disaient que nous étions la pire promo qu'ils n'aient jamais eue, ceux qui nous disaient qu'ils regrettaient d'avoir fait dix ans d'études pour enseigner à une promo aussi nulle que la nôtre et ceux qui enchaînaient trois heures de cours purs, sans pause dans un monologue interminable, les semaines étaient longues. Il y avait tout de même quelques profs qui sortaient du lot par leur bienveillance et leur accessibilité, mais c'était une minorité. Cette année tombait relativement mal puisque la crise sanitaire du Covid19 chamboula tout. Les cours de trois heures sans pause en amphithéâtre devenaient des cours de trois heures sans pause en ligne.

J'étais encore suivi par la même psychologue depuis quatre ans et la même psychiatre depuis deux ans. J'avais le même traitement lourd que je décidai d'interrompre au meilleur moment : pendant le confinement, enfermé chez moi, en sortant très peu et en décrochant totalement du droit. Je me souviens que mes médecins encadrants m'avaient incendié en me disant que j'étais complètement inconscient d'arrêter brutalement un traitement si costaud, surtout dans cette période. J'étais comme ça. Je m'étais levé un matin et j'avais décidé que j'en aurais plus besoin. Ma bataille contre la médicalisation de l'existence s'arrêtait pour quelques années. Mes suivis psychologiques aussi. Ça m'avait fait un pincement au cœur ; même si c'était des professionnelles, il y a tout de même un lien qui s'était tissé. Je me souviens leur avoir écrit un mot qui finissait par :

« À une psychologue qui aura su me supporter et prendre son temps, à une psychiatre qui a fait moins d'années dans le service que son patient. » (L'humour est mon plus bel atout)

Je continuais ma route avec James et Amy qui avaient toujours été d'un grand soutien même si je sentais que les choses changeaient.

C'était de plus en plus bizarre avec Amy. J'avais toujours pensé que l'amitié homme/femme, à un certain stade, était un mythe, que dans bien des cas, un des deux protagonistes éprouverait plus que de l'amitié. Je ne m'étais pas trompé. À deux ou trois reprises, elle m'avait avoué ses sentiments. Je lui avais répondu que je l'appréciais beaucoup en tant qu'ami, mais que je ne pouvais lui proposer plus. J'avais même rajouté que si elle ne souhaitait plus d'amitié, nous pouvions en rester là, mais ça ne devait pas être moi qui trancherais. Elle choisit qu'on reste des amis. Du moins dans ses mots.

Elle était fragile depuis quelque temps. Elle m'avait raconté qu'il y a quelques années, elle était folle amoureuse d'un garçon et qu'il avait abusé d'elle à une soirée. Je lui avais conseillé de porter plainte, mais elle ne le voulait pas ; c'était son choix. Vous l'aurez compris, c'est un sujet qui me touche tout particulièrement donc je faisais le maximum pour l'aider.

On était assez complice, on se voyait assez souvent à deux ou à plusieurs. La plupart du temps, c'était avec James. On formait un trio qui parlait de tout et de rien, chahutait pas mal et se vannait très souvent. Comme le dit l'adage : « Qui aime bien châtie bien. ». Nous étions le genre de groupe à se moquer les uns des autres, mais dès que quelqu'un d'extérieur tentait de le faire, on se défendait mutuellement. Nous avions dû lutter contre plusieurs personnes qui ont essayé de briser cette dynamique, mais l'amitié l'avait jusqu'à là toujours emporté.

Dans le même moment, j'avais eu le privilège que mon histoire soit reprise dans les journaux et médias locaux pour sensibiliser un maximum de personnes. Les beaux jours revenaient, j'avais l'impression d'aller mieux et je sortais plus qu'auparavant. Je jouais énormément au foot avec mes potes ; on a dû taper le ballon dans tous les city stades de nos villes respectives.

Puis il y a eu cette fois. Un samedi, en fin d'après-midi, avec quelques éclaircies. Je jouais tranquillement sur le terrain à côté du Collège où j'avais étudié (rien branler) et je vis une fille descendre très lentement vers nous. Le city stade était en contrebas d'un chemin parsemé d'arbres. Elle portait des lunettes, ce qui était plutôt étonnant aux alentours de 18 heures. Je la vis s'installer sur les marches d'escalier à une trentaine de mètres de l'endroit où nous jouions. Je n'y prêtai pas réellement attention, les gouttes de sueur coulaient dans mes yeux, j'étais concentré. À la pause du match, je m'approchai. C'était Amy.

Elle avait un large sweat et de grosses lunettes de soleil. Des larmes coulaient le long de son visage. Mes potes reprirent le match pendant que je la rejoignais. Je lui demandai ce qui n'allait pas. Elle me raconta qu'elle devait voir un gars prêt d'ici et qu'il l'avait coursé. Ses mots étaient saccadés par sa respiration haletante. De ce que je compris, le mec en question a essayé de lui toucher les seins, mais elle l'avait semé. Je lui demandais des précisions sur qui c'était, si elle l'avait déjà vu avant… Son récit était flou et son comportement étrange. Je me disais que ça ne pouvait qu'être normal après ce qu'elle venait de vivre. Cependant, elle n'aurait pas donné rendez-vous à un inconnu dans les bois, je la connaissais.

Quoi qu'il en soit je ne repris pas le match et je la raccompagnai chez elle. Elle me dissuada d'expliquer la situation à ses parents, mais je ne voulais pas laisser passer des faits aussi graves. Après avoir expliqué les grandes lignes à sa mère, je rentrais chez moi. Le lendemain je la retrouvai. Elle me dit qu'elle allait porter plainte. Je ne lui en demandais pas plus cette fois, ce n'était pas à moi de poser les questions. Je la félicitai tout de même de son courage d'aller au commissariat.

Les jours passèrent et on se voyait un peu moins. On s'embrouillait pour des futilités. Je laissai quelques jours passer et je lui demandai des nouvelles de sa plainte. « Classé sans suite ». Interloqué, je la questionnai sur le déroulé ; c'était toujours aussi flou. Plus tard, j'appris que l'affaire avait été classée sans suite, car « les faits énoncés ne correspondaient pas à quelque chose de réalisable ». Elle était incapable de donner les coordonnées, noms et prénoms de la présumée personne alors qu'elle leur avait dit que c'était quelqu'un qu'elle connaissait. De plus, elle l'aurait semé sur plus de 400 mètres dans les bois ; elle portait à ce moment une attelle à la cheville, car elle se l'était foulée. J'étais vraiment perplexe.

Je ne m'étais même pas rendu compte que ça ne pouvait être possible parce qu'elle portait son atèle puisque je la crus dès le début. Je ne m'étais pas attardé sur ce genre de détail. Quand un ou une ami(e) vous raconte de tels faits, vous ne mettez pas tout en œuvre pour la discréditer ou tenter de savoir si c'est faux : vous la croyez. La situation était des plus délicate et c'était très complexe d'aborder le sujet.

Les semaines passèrent, ça redevenait plus ou moins comme avant et un beau soir, sur ma terrasse, je décidai de lui en parler. Je prenais moins de pincettes parce que je souhaitais simplement savoir comment elle allait depuis cette « affaire », son ressenti et pourquoi, selon elle, ça n'avait pas marché. Elle esquiva le sujet et me parla de nous deux, si ça pouvait encore évoluer ou si c'était toujours impossible. Je lui réexpliquai calmement que ça ne bougerait pas, que ça serait toujours « non » et que j'aimerais qu'elle le comprenne ; je ne voulais pas passer pour le salaud qui joue avec les sentiments des gens alors que j'ai toujours été droit sur ce point. Mais cette fois-ci, le refus ne passa pas de la même manière. Elle s'emporta en disant que « de toute façon, je ne croyais jamais à ses histoires, je n'étais pas une bonne personne pour elle et que j'étais toxique. » Ensuite, elle partit de ma terrasse.

Cet épisode troublant me laissait pantois. Je savais qu'à cette période, elle parlait à un garçon dans le but d'une relation amoureuse donc je ne comprenais pas pourquoi elle avait réitéré sa demande ni pourquoi elle s'était emportée. On ne se voyait qu'au lycée et à des soirées, je n'insistais pas, je laissais le temps l'apaiser.

Entre-temps, les articles dans les journaux avaient eu pas mal de visibilité et la chaîne France 3 me contacta pour une interview. Je passai littéralement un cap dans la visibilité que je donnais à cette cause des violences sexuelles ; j'avais le sentiment de me battre pour quelque chose de juste, de me battre pour que les futures générations pratiquent leur sport sans avoir à se poser de questions sur de potentiels individus malsains. Heureux de cette nouvelle, j'en parlais à James et Amy. James fut très enthousiaste pour moi et me supportait dans ma démarche. Amy, elle, a eu à peine une réaction. Je ne cherchais plus à la comprendre, je me concentrais sur l'interview qui allait arriver. J'étais très stressé à l'idée que des centaines de milliers de personnes me voient à l'écran et puissent juger ce que j'allais dire ainsi que mon histoire, mais tout se passa extrêmement bien.

Je reçus énormément de soutien de la part de mon entourage, mais également de la part de personnes que je ne connaissais pas, qui me contactaient via les réseaux sociaux. Ce qui était assez frappant, c'est que certaines personnes se confiaient à moi, sur des faits qu'elles avaient subis il y a parfois plusieurs années, pour la première fois. J'étais touché par cette marque de confiance et j'essayais de les aider au mieux dans leurs démarches.

Amy ne me parlait plus du tout. Elle ne parlait plus non plus à James. Quand France 3 m'envoya par e-mail mon passage, je décidai de le mettre sur les réseaux sociaux. C'était un soir, à 20 heures. Deux heures après, James m'envoya un message :

« Mec, regarde ce qu'Amy a mis sur les réseaux sociaux, elle a déraillé. »

Je pensais à un soutien. Au lieu de ça :

Un tweet : « Imaginez, vous défendez et vous vous battez contre quelque chose que vous-même faites subir aux autres. »

Je pris en capture d'écran pour l'envoyer à Amy et lui demander des explications. Impossible. Elle m'avait bloqué. Le lendemain, elle publia, accompagné de l'hashtag « #IWas » (pour dénoncer des violences, harcèlements et violences sexuelles) :

« #Iwas 13 & #Iwas 18. »

Pour les 13 ans, on en avait déjà parlé, mais pour les 18 ans, je tombais des nues. Je voyais un tout autre visage de l'amie avec qui je partageais de superbes moments depuis trois ans. J'essayai de la contacter sur tous les supports où j'avais ses coordonnées, mais j'étais bloqué de partout. Un jour après, elle me débloqua et m'envoya :

« Je ne parle pas de toi, arrête d'essayer de me contacter où je vais balancer des trucs sur toi ! »

Je lui dis qu'elle avait perdu la tête et que si elle comptait se servir d'internet pour me détruire sans raison, j'irais porter plainte. Elle me bloqua à nouveau. Plusieurs nouveaux tweets visés apparurent dans la semaine. Je publiai un message sur les réseaux sociaux avec pour capture d'écrans de ses tweets diffamatoires en rajoutant que ce qu'elle faisait était dégueulasse d'une part pour moi et d'autre part pour les réelles victimes d'abus sexuels. Je lui fis également comprendre que ça n'en resterait pas là si elle continuait, que je la traînerai en justice.

Quelques jours après, elle supprima la plupart des conneries qu'elle avait publiées. Sur ce coup, j'ai eu l'extrême chance d'avoir des potes qui faisaient partie de notre groupe et qui se sont chargés de remettre l'église au milieu du village en lui disant que ce qu'elle faisait été ignoble, surtout qu'elle connaissait mon passé. Elle les bloqua dans la foulée également. Je ne voulais pas croire qu'elle ait pu faire une chose pareille. Je n'aurais même pas pensé à faire quelque chose d'aussi insensé à quelqu'un que je déteste alors Amy qui me fait ça alors que nous étions très amis…

Mes parents m'avaient averti plusieurs fois qu'ils trouvaient qu'elle recherchait sans cesse mon attention et mon approbation. Je préférais en rire et dire que ce n'était pas vrai. J'ai eu tort.

Plus tard, lorsque je me rendis chez un pote, j'eus une longue discussion avec son père qui était retraité de Police. Je lui expliquai le déroulé de cette improbable histoire. Il m'apporta des précisions en rapport avec des cas similaires qu'il avait traités :

— Elle n'avait pas l'air claire avec elle-même. De ce que tu me racontes, elle se perdait sans cesse, ne donnait jamais la même version. Tu sais, sur ce genre de dossier, il y a plusieurs personnes. Elles ont dû avoir le même ressenti pour classer si vite l'affaire sans suite. De plus, il y a eu une reconstitution, ça démontre le sérieux des enquêteurs de bien faire leur travail. Elle t'aimait bien ?

— Ouais, elle a souhaité plusieurs fois qu'on sorte ensemble. Mais pourquoi ? C'est quoi le rapport ?

— Elle devait chercher ton intention. Je pense même qu'elle a inventé ça parce qu'elle pensait qu'un sujet comme celui-ci te toucherait et qu'elle arriverait à te captiver.

— Non, je ne pense pas quand même, ça relève du polar à ce niveau-là.

— Détrompe-toi, tu as des personnes qui font des choses tellement insensées pour qu'on les remarque, tu serais très étonné. Ça se passe comment d'ailleurs depuis qu'elle a déposé plainte ?

— Bah… On ne se parle plus. Elle a essayé de me faire passer pour son agresseur quand j'ai souhaité aborder le sujet de ce qui lui était arrivé et que je lui ai redit que je ne souhaitais rien avec elle.

— Tu vois ! Et pourtant, je ne la connais pas et je ne connais pas non plus la nature de votre relation. Elle a joué sa dernière carte, elle a dû enfin réaliser que c'était voué à l'échec, elle n'a pas voulu avoir l'air bête et elle n'a trouvé que ce moyen.

— Je préfère ne pas croire que ce raisonnement soit une possibilité. On croirait le scénario d'un film comme Gone Girl[8], c'est à la limite de la folie.

— N'oublie jamais que ce ne sont jamais les gens qui changent, simplement les masques qui tombent !

Et il avait raison en ce sens. Dans les mois et les années qui suivirent cet épisode, je fis beaucoup de soirées avec des potes qu'Amy et moi avions eus en commun. Et tous me disaient la même chose, tantôt je l'aurais abusée sexuellement, tantôt je l'aurais frappée… elle continuait à maintenir son rôle. Mes potes me rassuraient : « Ne t'inquiète pas, mec. Si on est là aujourd'hui, c'est que nous sommes persuadés que ce qu'elle a pu dire de toi est parfaitement insensé et faux ! »

C'est ici que ce chapitre fut clos, depuis, plus aucune nouvelle, plus rien.

---

[8] Gone Girl est un thriller du réalisateur David Fincher qui reprend l'ouvrage de Gillian Flynn. L'intrigue met en lumière une femme démoniaque jouée par Rosamund Pike qui va chercher, par des moyens sordides, à se venger de son mari infidèle.

Chapitre X
Pas comme je l'imaginais

Ce fut une expérience, dira-t-on. Ni bonne ni mauvaise. Les fêtes de Noël approchaient, j'étais heureux. Je m'étais réorienté scolairement. J'avais définitivement radié de mon esprit la possibilité de refaire une année en Droit ; j'allais m'orienter dans le commerce. J'allais suivre les traces de mon frère en rejoignant un diplôme universitaire « Sport » qui alliait sport et commerce. Le début d'année fut normal, je n'étais pas tellement intégré, mais je m'en foutais pas mal, j'avais mes potes à côté. Et bientôt… j'allais avoir une copine. Linda. Nan, je vous jure, vraiment ! Je commençais très légèrement à avoir un soupçon de confiance et moi et je comptais en profiter. J'avais conscience que de par mon agression et sans réel travail dans le dur sur ce sujet, ça allait être compliqué. Mais fini de se poser des questions et de se cacher derrière ça, je fonçais.

Concernant le déroulé de la rencontre, ce n'était rien de trépident, je n'aurais pas pu dire à mes enfants : « j'ai rencontré votre mère à un bal dansant. J'étais le médecin attitré à la soirée et elle était venue avec ses copines profiter d'un orchestre symphonique cinq étoiles et manger des petits fours. Je la voyais danser, flotter dans les airs dans une sublime robe couleur satin. Quand tout à coup, elle s'étouffa avec un roulé de saucisse. Ni une ni deux, je me précipitai la sauver et lui prodiguer les premiers secours. » Non. C'était bien plus banal et bien plus dans l'air du temps. Un ajout sur les réseaux sociaux, elle m'ajoute en retour. Un like sur une de ses photos, elle me like en retour. Et pour finir, un message avec un compliment et une phrase d'accroche pour faire connaissance. Pas très sexy ni gentleman, je l'accorde, mais je n'aurai jamais osé faire ça auparavant. On a échangé pendant plus de deux semaines. On parlait beaucoup. Énormément. Comme deux grands ados. C'était la première fois que j'étais à un stade aussi avancé avec une fille, je naviguais dans l'inconnu. J'avais l'impression d'être un témoin de Jéhovah à qui on aurait permis d'entrer chez soi. Je laissais faire. J'étais vraiment aux petits soins ; comme elle n'avait pas le permis, j'avais même été dans le centre-ville, visiter les bijouteries et lui prendre en photo les références pour qu'elle puisse choisir un cadeau à sa mère.

Puis un beau jour, on se décida à se voir. Le courant passait plutôt bien, mais pas de coup de foudre (ouais je sais, j'avais une image cinématographique de ce que pouvait être un démarrage de relation sentimentale). On continuait de parler, de se voir et on finit par se mettre ensemble le jour du réveillon de Noël. N'est-ce pas merveilleux ? C'était vraiment quelque chose de tout nouveau pour moi. Au début, je parlais très peu de cette relation à mes potes et à mes parents. J'étais soulagé d'avoir enfin pu rencontrer quelqu'un avec qui je pouvais partager quelque chose de vrai. J'avais un léger stress tout de même : là où la plupart des gens de mon âge avaient connu leur première relation à 14, 15, 16 ou 17 ans, j'avais un retard considérable. Ma copine savait ce que j'avais vécu (dans les grandes lignes, je ne souhaitais pas de pitié) ; je lui avais dit que je prendrais mon temps pour les relations charnelles. Elle me confiait qu'elle n'avait jamais eu de copain non plus avant ; je me sentais bien pour prendre mon temps.

Les premiers mois furent difficiles au niveau de la communication. Voulant toujours éviter les petites frictions quotidiennes, je ne m'en plaignais jamais et ne lui faisais jamais remarquer. Sauf que le problème fut le suivant : quand vous laissez l'eau bouillir dans votre casserole pendant trop longtemps, ça finit par déborder ! Plus d'une fois, nous avons eu des discussions là-dessus ; nous étions conscients qu'il fallait beaucoup mieux communiquer pour éviter la dispute de trop et le pétage de câble. Nous tenions bon et nous nous améliorions pas à pas. Nous commencions à avoir une intimité, progressivement, et ça avait l'air de lui convenir aussi. Il y eut tout de même deux moments qui m'ont déchiré le cœur.

D'abord chez elle, où une nuit, j'avais eu des flash-back de mon agression ainsi que celle de mon frère pendant que je dormais avec elle. Ça avait été tellement violent que j'étais partie en pleine nuit. Pendant plusieurs jours, je n'avais pas voulu lui expliquer le motif de mon départ parce que je savais que ça allait lui faire très mal, même si au fond, elle savait que je ne le maîtrisais pas. Quand elle le sut, elle pleura de longues heures ; je m'étais dit que je n'aurais jamais dû lui en parler.

Le second épisode se déroula chez moi. Cela faisait environ quatre mois que nous étions ensemble. Avant de dîner avec mes parents, elle se dirigea vers ma douche et me lança :

— On va se doucher ?

Pour le commun des mortels, c'était une chose extrêmement simple, même un moment de plaisir. Mais pas pour moi. Je sentais mon cerveau qui se ramollissait. Putain, ce n'était pas compliqué. Se doucher avec sa copine. J'avais vraiment ce sentiment d'être une grosse merde. Je bredouillai :

— Euh… je suis désolé, je ne peux pas…

Elle me regarda l'air dubitatif en fronçant un sourcil :

— Mmmh… OK !

Elle s'en alla dans la salle de bain. Je fus pris d'un sentiment de honte énorme et je sentais la colère monter. J'étais furieux contre moi-même. Je rejoignis ma mère à l'étage. Elle était devant son ordinateur. Je tombai dans ses bras :

— Pourquoi je n'y arrive toujours pas ? Combien de putains d'années il faudra pour que je n'aie plus de blocage ? Elle devrait finir sa douche, prendre ses affaires et se casser ; arrêter de perdre son temps avec un type comme moi.

— T'es beaucoup trop dur avec toi-même !

Je ne l'écoutais pas. Une nouvelle fois, j'étais enfermé dans ma tête. Une nouvelle fois, je me sentais comme bloqué à un niveau dans un jeu vidéo ; s'arrêter au même palier, ne pas comprendre pourquoi, recommencer. Indéfiniment. Je débitais pendant cinq bonnes minutes toute la haine et tout le mal que je pensais de moi. Quand j'eus fini, ma mère me dit calmement :

— Tu sais, ce n'est pas grave ! Elle le comprendra. Il faut juste que tu lui en parles, que vous discutiez. Si c'est une fille bien, elle comprendra, elle patientera et t'aidera. Mais il faut que tu lui dises.

Je mis deux bonnes heures à lui dire. Je ne comptais plus les fois où j'étais meurtri, car les choses ne se passaient pas comme je le prévoyais. Il y avait une part de mon vécu qui me bloquait, c'était indéniable. Mais ce n'était pas tout. Il y avait aussi « l'effet sociétal » de ce que les hommes doivent être au lit. Je vais vous écrire ce que j'aurais aimé intégrer à mon système nerveux il y a cinq ans :

On va commencer dans le dur (sans mauvais jeu de mots). Sur une enquête d'IFOP[9] menée en 2019 (concernant la population française), on a plus de 60 % des hommes qui reconnaissent avoir ou avoir eu des troubles de l'érection dans leur vie. À la suite, c'est environ deux tiers des hommes qui développent un complexe à cause de leurs pannes sexuelles, de la honte qu'ils peuvent ressentir, à l'anxiété vis-à-vis de la notion de performance ou encore à cause de souffrance psychologique. Pour ces personnes, faire l'amour est une source de

---

[9] L'Institut Français d'Opinion Publique (IFOP) est le leader des études d'opinion depuis 1938.

stress et d'angoisse. On poursuit. Toujours selon une étude d'IFOP de 2019, un homme sur trois admet avoir ou avoir déjà eu une expérience d'éjaculation (trop) rapide dans sa vie. Le sentiment de honte naît de ce qu'on pense être les standards ; beaucoup s'accrochent à une notion de temporalité et de performances. C'est souvent biaisé. Il n'y a (et fort heureusement) pas que ça. Trouvez-vous un ou une partenaire qui ne vous juge pas, qui vous comprend, s'adapte à votre bien-être et fait en sorte que ça soit une superbe expérience pour les deux. J'aurais vraiment voulu, du plus profond de moi, lire ce que je viens d'écrire à l'instant et discuter avec des professionnels de santé à l'époque où j'étais au fond du gouffre, où je pensais être « pas normal ». Trouver quelqu'un de respectueux qui suit votre rythme parce qu'il regarde au-delà de toutes ces idées préconçues à la con, c'est ça la clé de l'épanouissement.

Je terminerais en répondant par la négative au bullshit que beaucoup on voulut me faire croire, une sorte de message à mon « moi, plus jeune » :

« Non Ben, un homme ou une femme qui fait sa première fois à 20 ans n'est pas ringard(e), une honte ni une calamité. Ce sont simplement des personnes qui prennent leur temps, ou qui veulent être sûres et certaines de se lancer avec la bonne personne. Il y a évidemment des tas d'autres raisons. Quoi qu'il en soit, ce n'est pas une honte et ça ne doit pas faire l'objet de moqueries. Non, une personne qui n'est pas à l'aise avec le sexe parce qu'elle n'a rien connu auparavant (ou pas) n'est ni fragile ni inintéressante. Souviens-toi qu'un diamant brut attise plus les convoitises, qu'un diamant passé entre plusieurs mains. Ça ne veut pas dire qu'il a plus de valeur ou moins : ça signifie simplement que quelque part, quelqu'un qui ne prête pas attention à ton manque d'expérience t'attend. Non, Ben, ne crois pas les gens qui disent "profiter de sa jeunesse", c'est coucher avec 36 personnes différentes en trois ans. Ne dis jamais "une femme, ça doit..." ; "un homme, ça doit...". Chacun est différent. Ne deviens jamais ce lourdingue qui dira "Tu attends quoi ? Tu as 30 ans, tu n'es pas mariée et tu n'as pas d'enfant.". Enfin, ne sois jamais intolérant, indifférent ou encore méprisant. Reste avec ceux qui t'aident, ceux qui t'aiment, fuis ceux qui sont méchants, ceux qui sont ignorants. »

Cela étant dit, nous pouvons poursuivre. Mon année se déroula le plus normalement possible. Je décrochai mon DU Sport avec mention, j'allais rejoindre l'année prochaine la classe des « Techniques de Commercialisation ». Tout roulait pour moi, j'allais à nouveau travailler comme opérateur au Fort Aventure et rencontrer de superbes personnes qui sont toujours à mes côtés aujourd'hui. Les anecdotes que je garde de ce job d'été et des soirées qui ont suivi resteront longtemps gravées dans ma mémoire.

Concernant Linda, j'étais toujours avec, mais plus pour si longtemps. Je ne vous l'ai pas encore dit, mais on s'opposait sur un point : la jalousie. Elle était très jalouse et possessive et régulièrement, elle s'énervait à cause d'une de mes collègues qui me faisait des avances. À l'inverse, j'avais une confiance aveugle (c'est le mot) envers elle et je ne doutais de rien. Elle allait parfois dormir chez (et avec) son meilleur ami. Ça ne me dérangeait toujours pas. Elle était partie deux semaines en camping avec sa meilleure amie à sortir en boîte tous les soirs et à se mettre dans des états chaotiques, ça ne me dérangeait encore pas. Je partais du principe que, si je m'étais mis avec elle et que je devais être en flippe tout le temps, ça ne servait à rien. Je jugeais qu'elle était assez grande et responsable pour connaître et appréhender les limites du respect à ne pas dépasser. J'ai mal jugé. Je me faisais constamment avoir par les mots, je n'étais pas assez attentif aux actes.

Le jour de son anniversaire, au moment de souffler ses bougies, toutes ses copines lui demandèrent de faire un vœu. Elle se tourna vers moi : « j'espère finir ma vie avec cet homme ». Dommage Ben, t'es encore tombé dedans. Ses parents s'étaient remariés. Ce n'était pas tous les jours facile pour elle, car son père était un alcoolique notoire que sa belle-mère tentait de sauver. Plus le temps passait, plus on s'installait dans une espèce de routine à seulement 20 ans et surtout au bout de cinq mois de relations. On se voyait soit chez elle, soit chez moi et de manière très rare à l'extérieur. Pour vous dire, à mon anniversaire, en mars, mes parents m'avaient offert un séjour à l'hôtel près de Lyon à faire avec elle ; on ne l'a jamais fait et on s'est séparé en septembre.

Quand nous nous voyions en dehors de chez elle, son père ne pouvait s'empêcher de l'appeler plusieurs fois dans la même soirée pour tout et rien (surtout rien). Je ne lui en voulais pas, je savais que l'excès de bière avait un rôle majeur dans l'équation. La seule fois que j'en ai voulu à ses parents, c'est d'avoir fait une projection des plus dégueulasses à mon sujet. Nous nous étions disputés avec Linda et pour désamorcer le problème, on était allé s'expliquer dans un petit chemin de campagne à cinq minutes de chez elle. On est bien resté une heure dehors et la malheureuse avait mis son téléphone en mode « ne pas déranger » ; quelle erreur ! Son père est littéralement sorti de ses gonds, l'a appelée quinze fois et quand on est rentré, nous a dit qu'il avait failli appeler les flics. Curieux de cet excès de réaction, je lui ai demandé pourquoi :

— Parce qu'avec ma femme on sait ce que t'as subi plus jeune et on avait peur… comment dire… que quand t'es énervé… tu reproduises, fin que tu fasses…

— Vous êtes en train de dire que quand je suis énervé, vous avez peur que je viole votre fille, c'est bien ça ?

Mes poings tremblaient, la colère montait. Il tenta de se reprendre :

— Euh… nan, fin ce n'est pas ce que j'ai voulu dire… euh… pas forcément ça, c'est juste… je ne sais pas, une réaction violente, des mots ou peut-être même… des coups.

Ça y est, mon capital tolérance avait atteint sa limite. Je ne répondis pas et je quittai le domicile. Son père s'excusa par message le lendemain, mais je mis un certain temps avant de retourner chez eux.

Avec Linda, on se voyait beaucoup moins qu'avant. Elle était devenue bizarre. Elle répondait beaucoup moins, était plus distante. Elle me disait littéralement qu'elle ne voulait plus faire « d'efforts » (compromis, travail sur soi) pour faire avancer et durer la relation et moi comme un béni-oui-oui, je ne disais rien, j'acquiesçais, je faisais le maximum pour nous deux et je fermais ma gueule. Elle pétait des crises pour un oui ou pour un non sur des sujets complètement aléatoires. La plus grosse est quand elle m'a demandé de lui dire mes « fantasmes » et que je n'ai pas voulu, car je trouvais (trouve) ça très personnel ; c'est devenu un ouragan. « Ouais tu ne veux pas me le dire, tu ne me fais pas confiance, comment je peux rester avec toi si tu ne me dis pas ce genre de choses… » ; un vrai déraillement.

Entre-temps, vers août, elle avait rejoint une École de Police, donc je ne pouvais la voir que les week-ends et encore, pas tous. C'est à ce moment que je commençais à avoir des doutes, je n'avais plus de message de toute la journée, des réponses très courtes qui voulaient dire « je n'ai pas envie de te parler, lâche-moi ». Cette période fut assez rude pour moi. J'étais bloqué entre « lâche l'affaire, c'est voué à l'échec » et « tiens bon, ça va s'arranger ». Quelle posture horrible ! En tant qu'ancien sportif de haut niveau, je ne voulais pas lâcher, je voulais me battre jusqu'au bout pour avoir le moins de regret possible. Je me battais contre moi-même, dans le vent ; c'était ça le problème.

Je savais qu'elle était assez courtisée à l'École de Police et qu'elle ne me disait pas tout. On ne se voyait pas de la semaine et elle n'avait presque rien à me raconter. C'est deux semaines avant notre rupture qu'elle me demanda de venir la voir.

J'arrivai à son domicile, elle était devant chez elle en chaussettes, jambes croisées, t-shirt XXL qui lui faisait une robe et cheveux en bataille. À peine sortie de la voiture, elle courut dans mes bras en pleurant. Je n'avais pas encore vu la supercherie de ses larmes de crocodile. Elle commença par me dire qu'elle m'aimait, que j'étais son premier amour et… attention… qu'elle voulait des enfants avec moi, MAIS ne plus être avec moi pour le moment. Un nez rouge de clown poussa sur mon visage. Ce n'était pas fini. Elle m'embrassait et me faisait des câlins en même temps qu'elle me disait qu'elle ne voulait plus être avec moi. Et la chute de cette pièce de théâtre : « Mais quand je serai à Reims à mon école, tu viendras quand même me voir au moins une fois par mois j'espère. » OK, là, je me suis dit que le respect avait définitivement quitté la partie.

Je ne savais même pas quoi faire ni quoi répondre tellement ça me paraissait irréel et insensé. La seule chose que je sus faire, c'est de tourner la tête sur le côté quand elle essaya une énième fois de m'embrasser. Je retournai dans ma voiture et m'en allai. Je ne pouvais m'empêcher de penser : « Quelle Commedia dell'arte, sans déconner ». Les deux semaines qui suivirent furent catastrophiques. Catastrophique pour moi, mais aussi pour mes parents qui me voyaient abattu. La journée qui suivit cette fameuse soirée que je viens de vous détailler, je m'en pris à ma mère ; je me trompais de colère :

— Pourquoi c'est toujours toi qui restes, hein ? Pourquoi elles me lâchent toutes et toi tu restes là ? Fais comme elles, lâche-moi aussi, arrête d'être celle qui me ramasse à la petite cuillère.

Elle ne me répondit pas. En même temps, il n'y avait rien à répondre à quelqu'un dans l'émotion. Finalement, Linda voulait rester, je ne comprenais plus rien.

Le coup de grâce arriva quelque temps après lorsqu'en soirée avec des amis, je me rendis sur les réseaux sociaux et découvris avec stupeur des photos d'elle avec son meilleur pote, mais pas en « mode meilleur pote », ainsi que des commentaires ambigus également. J'étais le seul con à ne pas savoir et apprendre une tromperie comme ça sur les réseaux. C'était le comble de l'irrespect. Sans déconner, qu'est-ce que je lui avais fait pour mériter ça ?

Ni une ni deux, je ne cherchai pas à comprendre, je lui envoyai un message où je lui expliquai que je savais tout, je la félicitais d'avoir réussi à jouer sur deux tableaux sans que je m'en rende compte et je la supprimai de partout sans vouloir entendre son explication. Je lui souhaitai tout de même beaucoup de bonheur (au premier degré) parce que oui, je l'aimais beaucoup et de ce fait, lui souhaitais que de bonnes choses. L'ego blessé, je me permis une petite punchline de Tupac : « Je veux toujours te voir manger, mais plus à ma table. » Merci, au revoir.

Elle essaya de me joindre les deux ou trois semaines qui suivirent par tous les moyens : les réseaux sociaux, mon numéro, même via le numéro de ses potes ou de ses parents. Je ne répondis pas. Et le temps m'en donna raison. Elle était en couple un mois après que nous soyons plus ensemble. Elle avait déjà son banc de touche qui était prêt à rentrer sur le terrain. C'est ça la différence majeure entre elle et moi : elle a eu besoin d'un remplaçant et moi, j'ai eu besoin de me retrouver.

Chapitre XI
Ressaisis-toi, mon vieux

Je n'allais pas me laisser abattre. Oh que non ! Il n'y a que la mort qui est irréversible. Je fus bien triste pendant une semaine et après ça allait mieux. J'enchaînais les soirées avec mon frère, celles avec mes potes du Fort Aventure, celles avec mes coéquipiers du Tennis de table. Ah, mais je suis allé trop vite. J'avais repris à la rentrée de septembre le tennis de table. J'étais revenu quand, j'eus compris que ça n'avait pas été à moi de partir.

Je retrouvais assez vite un niveau correct, c'est comme le vélo, ça ne s'oublie pas. Je jouais en championnat par équipe avec des mecs que je n'avais pas vus depuis plusieurs années et ça me faisait très plaisir. Ensemble, nous sommes montés de plusieurs divisions pour jouer à un niveau pré-nationale. Ça me faisait du bien de retrouver ce sport, de retrouver les aspects bénéfiques du sport en général. Qu'il se pratique en loisir, en amateur, en professionnel – de manière occasionnelle, quotidienne ou régulière, le sport peut répondre à de nombreuses définitions.

Voici la mienne : Le Sport avec un grand « S » est et doit rester un lieu où en plus d'apprendre la pratique en elle-même, nous apprenons des valeurs qui nous suivront tout au cours de notre vie. Cela doit être un havre de paix ou un exutoire où nous nous échappons de la routine, où nous rejoignons nos amis, pour nous adonner à une passion commune. Il y a cette notion du « dépassement de soi » que j'apprécie dans le Sport. Il peut y avoir de la souffrance également. Mais laissez-moi vous dire quelque chose par rapport à la souffrance dans le Sport :

la seule souffrance que doit s'infliger le sportif doit être un choix personnel et doit servir à un unique but, devenir une meilleure version de soi-même.

Et je retrouvais cette définition. J'avais un assez bon équilibre de vie puisque je combinais le sport, les cours et je continuais à faire quelques sorties avec des amis. Après mon diplôme universitaire en Sport, j'effectuai ma rentrée en Techniques de Commercialisation. C'était du tout nouveau pour moi. Changement de voie et changement de classe. Que de nouvelles têtes, et ce n'était pas plus mal.

C'était une rentrée particulière puisque tout le monde se connaissait ; ils étaient déjà tous ensemble l'année passée. Ils se retrouvaient tous, parlaient de leurs vacances respectives, de leurs alternances… Je trônais au fond de la classe, immobile comme une télécommande de télé coincée entre deux canapés : les gens passaient devant moi, mais ne me voyaient pas.

Deux heures passèrent puis quelqu'un vint m'aborder. C'était Alex. C'est lui qui m'intégra et c'est avec lui que je passai l'année complète. C'était (enfin, ça l'est toujours) un super mec. Nous étions différents sur certains points, mais c'est avec lui que je partageais mes meilleurs moments. Au début, nous étions ensemble uniquement pendant les périodes de cours puis on a commencé à se voir en dehors. On se complétait dans nos personnalités. Il était assez extraverti, moi plus calme, il était très doué comme orateur, moi je préférais l'écriture. Je régulais sa folie, il accroissait ma confiance. Du point de vue des études, là aussi on faisait la paire, nous étions tous deux assez bons élèves, mais dans des matières différentes, ce qui équilibrait nos moyennes et surtout nous donnait du temps pour faire autre chose.

Que je sorte avec lui, James ou mes autres groupes de potes, c'était essentiellement des sorties cinémas, karaokés, bowling ou encore consoles. Je n'aimais pas tellement les boîtes de nuit et les bars, mais ça, c'était avant de connaître Alex. Si par la suite, je suis devenu aussi confiant pour oser me rendre en boîte de nuit, danser et parler à du monde, c'est en partie grâce à lui. Je me souviens qu'au début, je détestais ces endroits.

Je pouvais observer les mêmes types de personnes à chaque fois. D'abord le père de famille qui avait probablement dû retirer sa bague de fiançailles avant sa sortie nocturne. Il s'était sûrement donné un air décontracté et pensait être dans l'air du temps en draguant des filles qui auraient pu avoir le même âge que ses enfants. Des hommes en pleine crise de la quarantaine, ça ne manquait pas et surtout ça se repérait bien dans les soirées étudiantes. Ils ingurgitaient de grandes doses d'alcool et payaient des verres en quantité astronomique à des étudiantes qu'ils espéraient convaincre qu'un homme de leur âge savait encore baiser comme un jeune de vingt ans. Ou bien ils essayaient peut-être de se convaincre eux-mêmes. De toute façon, cela n'aboutissait jamais sur quelque chose de concret. Ils faisaient la fermeture, car il n'y avait plus que le personnel de présent et s'ils ne finissaient pas en garde à vue pour ivresse sur la voie publique, c'est à leurs femmes qu'ils devraient rendre des comptes le lendemain. Du temps et de l'argent perdus, leur famille foutue en l'air, c'était la destinée de beaucoup qui préféraient fuir comme des lâches dans ces soirées, retrouver leurs pulsions d'adolescent enfouies sous quinze années de mariage plutôt que d'affronter leurs problèmes de couple, car il est bien plus simple de jeter que de réparer.

Les femmes, elles, qui étaient dans la même situation, étaient plus rares, mais surtout bien plus habiles. Elles sortaient avec leur fille, ce qui devait leur donner une meilleure conscience et une redéfinition du temps passé avec leur enfant. À mon sens, elles avaient un meilleur succès que leurs homonymes masculins, parce que c'est bien plus cool de dire le lendemain au lycée ou à l'université que l'on s'est tapé la veille, une MILF plutôt qu'un quadragénaire aux techniques de drague douteuses et ancestrales lui donnant au passage une allure d'obsédé sexuel.

Ensuite, pour en revenir à de plus jeunes gens, il y avait celles et ceux qui étaient « populaires ». Populaires grâce à leur physique avantageux, ou à leur compte en banque qui pourrait régler la dette publique de la Grèce ou encore par leurs pas de danse qui auraient fait frémir et conquit le jury de *Danse Avec Les Stars*. Je n'entrais dans aucune de ces catégories de popularité. Mais je m'en foutais. Quand j'y allais, j'étais avec mon groupe de potes et c'était ce qui comptait le plus. Je n'en voyais certains qu'à ces occasions. Mes potes me rabâchaient : « Sans déconner, avec la gueule que t'as c'est impossible que tu ne trouves personne » ; ça m'angoissait davantage et me mettait une pression parfaitement inutile.

Néanmoins, il y eut une fois, une situation plus marquante que les autres. Vous me direz que ce n'est pas grand-chose et vous aurez sûrement raison. Mais pour moi, c'était un cuisant échec.

La sensation d'être seul au beau milieu de tout ce monde. C'est à peu près ce que je ressentais les premières fois que je sortais avec Alex en boîte de nuit. Cette fois-là allait être la fois de trop. Nous étions déjà bien imbibés d'alcool lorsque nous attendions dans la queue d'attente pour rentrer. On tentait de rester bien droit et immobile, mais les cinq verres de vodka Red bull pris au bar juste avant commençaient à me torturer les intestins. Une fois devant le videur, il fronça les sourcils, l'air grave commun à tous les videurs qui ont le pouvoir d'arrêter ta soirée d'un simple « nan, toi tu ne rentres pas ». Alex était plus habitué donc je ne me faisais pas de soucis pour rentrer ; c'est après que ça allait se corser.

Une fois à l'intérieur, la même routine que d'habitude. Alex dansait, allait vers les filles et moi je me transformais en meuble IKEA[10] : invisible, banal, quelconque. Je prenais encore quelques verres qui me permettraient d'être plus à l'aise pour danser. Je me faisais violence, je rejoignis Alex qui dégainait les regards d'homme sûr de lui, que rien n'aurait pu faire douter. Il essayait de m'inclure à chaque fois, mais que faire, j'étais un fantôme comme Casper.

Vers trois heures du matin, nous étions sur le départ. Je pensais déjà au lendemain à 8 h 30 où je devrais avoir mon cul posé sur une chaise en cours. Je regardais un groupe de filles, tout au fond du club qui passait la même soirée que Alex à s'amuser sans se soucier de rien. L'une d'elles était légèrement en retrait.

---

[10] IKEA : Multinationale suédoise fondée en 1943 qui conçoit et vend des meubles prêts à assembler.

— Bon allez, on y va ? me dit Alex en posant sa main sur mes épaules.

Je lui fis signe de regarder derrière lui le groupe que j'avais repéré.

— Ah j'ai compris ! me dit-il d'un air faussement naïf.
— Toi, t'as repéré quelqu'un qui te plaît, mais tu n'oses pas y aller ?

Je hochai la tête. C'était toujours la même chanson : soit je n'y allais pas et j'y penserais les trois prochains jours ou alors j'y allai… Ah non, je n'y allais jamais.

— Je vais chercher nos affaires au vestiaire, t'as à peu près trois minutes pour te décider.

Après un clin d'œil de compassion, il disparut dans l'obscurité. Je me rapprochais tout doucement du groupe, bien trop peu sûr de moi ; une minute s'était écoulée. Je me mis à réfléchir, la voix dans ma tête se mit à l'action : « n'y va pas, imagine qu'il y a un blanc dans la musique au même moment, tout le monde va se foutre de toi » ; « elle passe une soirée tranquillement avec ses amies, ne va pas la déranger, t'as vu ta tête en plus ». Merde, ça faisait déjà deux minutes. Je voyais au loin Alex qui revenait, c'était le moment. D'un pas décidé, j'arrivai à la hauteur de la concernée et d'une voix tremblante :

— Salut ! Depuis tout à l'heure, je te regarde danser et je te trouve très jolie, on pourrait faire connaissance si t'es d'accord ?

Son groupe de potes s'arrêta de danser, tout s'était figé autour de moi.

— Euh nan ! me dit-elle sans même me regarder et en repartant directement en riant vers son groupe.

La phrase de Dewey dans Malcolm : « Je ne m'attendais à rien, mais je suis quand même déçu », résumait parfaitement mon état moral. Je n'attendis pas Alex et je sortis de l'étreinte de cette foule pour respirer l'air de dehors. Je devais rentrer chez Alex qui habitait en ville, car j'avais bu, mais il fallait que je rentre, il fallait que je fume, un mélange de tristesse et de détresse s'était emparé de moi. Je ruminais ce moment dans ma voiture. En y repensant, j'aurais probablement dit « non » aussi si je m'étais vu l'aborder.

Je rentrai en quinze minutes seulement, sortis trois cigarillos d'une boîte métallique dans ma table de chevet et je me rendis sur ma terrasse. J'allumai le premier, confortablement installé pour regarder le ciel légèrement nuageux qui accompagnait le début d'un automne doux. Les larmes montaient, mais ne coulaient pas, j'avais envie de crier, mais je ne pouvais pas. Je restai silencieux pendant quelques instants. Je n'éprouvais aucune colère ni aucune animosité, seulement une incompréhension folle qui aurait rendu un sain d'esprit fou aliéné. Je m'étais tellement bagarré contre ce fléau de sortir de ma condition pour réussir, que devant ce énième échec je me sentais mal. Ce qui est parfaitement con puisque c'est juste un simple refus, ni plus ni moins. Cependant, j'avais tellement investi en moi pour aller mieux sur ce terrain, que je voulais absolument des résultats concluants rapidement. Je ne comprenais pas à cet instant, que le résultat concluant, c'était de réussir à faire ce que je ne faisais pas avant. Je regardais les étoiles et murmurais :

« Pourquoi c'est encore moi qui paye ce que j'ai subi en restant introverti ? Pourquoi c'est moi qui suis tétanisé, paralysé par la peur de demander correctement quelque chose de simple ? Pourquoi je suis un fantôme transparent ? Pourquoi les autres y arrivent pendant que je lutte à contre-courant ? Pourquoi je veux être comme tous ces gens à tout vouloir rapidement ? Pourquoi tout le monde baise tout le monde ? Pourquoi mes efforts ne payent pas ? Pourquoi pas moi ? Pourquoi je n'y aurais pas droit ? »

Tellement de « pourquoi ? » que je demandais aux étoiles. Elles ne me jugeaient pas. Elles restaient bien fixes dans le ciel sans rire aux éclats. J'avais enfin vidé mon sac. Bordel, ce que j'étais faible sur le plan émotionnel ! Marre d'être prisonnier de ce sentiment léthargique. J'aurais tant rêvé d'être ici-bas avant, d'être ici-bas quand il y avait encore de vrais sentiments, d'être ici-bas n'importe quand pourvu que ça ne soit pas maintenant !

J'arrêtais pendant un temps les sorties nocturnes, et je favorisais les soirées chez mes potes ou chez moi. L'avantage était déjà d'ordre financier puisque tout le monde participait et c'était plus cool parce qu'on avait un plus grand espace, on était moins serré et surtout on pouvait faire plus de choses que boire et danser (même si ça faisait toujours partie des festivités). Je ne me posais plus du tout de question sur les filles et mon incapacité à réussir ou non à les aborder : je ne voulais plus rien du tout. J'essayais de mixer mes groupes de potes quand je le pouvais, j'en avais de plus en plus, je tissais pas mal de liens avec les gens, j'avais plus confiance en moi.

Je décidai de retenter l'expérience et de faire entrer dans ma vie une amie femme et je crois qu'aujourd'hui, je peux dire que j'ai bien fait. C'était Lisa. Elle était rentrée dans notre groupe de potes comme « presque petite amie » d'un bon ami à moi, Tommy, que j'avais rencontré au Fort Aventure. On a passé des putains de moments ensemble. Ça ne s'est pas fait entre Lisa et Tommy, et le groupe a failli disparaître. Mais tout le monde se fréquente encore plus ou moins et c'est très bien comme ça.

Pour la deuxième fois de ma vie, je fis une grande fête pour mon anniversaire (bien mieux que la première. En même temps, difficile de faire pire). Nous étions 15 chez ce fameux Tommy. Mes parents étaient passés à la soirée sur les coups de minuit et avaient même joué avec nous à un jeu d'alcool. Les soirées se multipliaient, les anecdotes aussi. Je ne peux malheureusement pas tout écrire dans ce livre puisque mes parents vont le lire ! Mais je vais tout de même en dire quelques-unes :

C'était à une soirée alcoolisée (pour bien débuter). J'avais fait une soirée « Tournoi FIFA » chez mon meilleur pote avec plusieurs personnes. Mon frère devait venir me chercher à deux heures du matin, en quittant son poste. Tout était normal et il vint me chercher à l'heure prévue. On rentra à la maison et je partis me coucher. Le lendemain, réveil en fanfare, la Police avait appelé et je ne comprenais pas pourquoi.

Je descendis les escaliers quatre à quatre et ma mère m'annonça que j'étais convoqué chez les flics. Grosse panique. Je devais m'y rendre à 14 h et je stressais comme un dingue, car je ne comprenais vraiment pas pourquoi. J'arrivai au commissariat et je fus accueilli par une gendarme. J'attendis pendant vingt minutes avant que cette même gendarme qui m'avait accueilli me demande de la suivre.

On se dirigea vers son bureau et elle m'expliqua qu'un incendie avait eu lieu la veille. Je ne comprenais pas, je lui demandais le rapport avec ma présence ici. Elle me rétorqua qu'un incendie, probablement criminel, avait eu lieu dans une zone commerciale qui se trouvait à 500 mètres de chez mon pote et que j'avais été filmé dans la rue. Je ne voyais toujours pas la concordance avec moi. Je lui ai répondu que j'étais beaucoup alcoolisé, mais de là à enflammer une zone complète comme le nain de Projet X, ça faisait gros. Ça ne l'a pas fait rire. Elle poursuivit en me disant qu'un des principaux suspects n'était pas à son coup d'essai et était passé à côté de moi en voiture pendant que je marchais dans la rue en titubant. Je lui expliquai que je marchais vers un arrêt de bus où mon frère devait venir me chercher. Elle soupira, sortit son ordinateur portable et démarra une vidéo.

Il était 1 h 37 et on voit clairement un débris, moi, sortir d'un immeuble. La qualité n'était pas terrible, j'aurais pu affirmer que ce n'était pas moi sur la vidéo, mais j'avais une doudoune jaune poussin… la même que je portais au commissariat. Donc là, je me mis sérieusement à paniquer en lui jurant sur tout ce que je pouvais que jamais je ne ferais une chose pareille.

Elle eut un léger mouvement de lèvres et m'expliqua qu'elle savait que ce n'était pas moi et que le type recherché qui avait fait l'incendie s'était arrêté, phare éteint devant moi ; elle pensait que j'étais complice. On continua de parler pendant une vingtaine de minutes, elle comprit que le mec recherché s'était probablement arrêté parce qu'il pensait que j'étais son complice, mais finalement non et il est reparti. Je pensais être tiré d'affaire, je m'excusai d'avoir été saoul dans la rue, que je ferais attention à l'avenir. Elle me fit comprendre que ce n'était pas terminé et cliqua sur une deuxième vidéo en marmonnant « je veux bien te croire que tu étais saoul… ».

C'était huit minutes exactement avant l'épisode de la première vidéo. On me voit baisser mon pantalon en plein milieu de la rue et pisser sur une vitrine d'un magasin. Je mourrais de honte. Elle me dit qu'elle pourrait me mettre une amende pour ça, mais que presque tout le service l'avait vu et que c'était une leçon suffisante pour cette fois. Plus de peur que de mal pour cette histoire farfelue.

Des histoires croustillantes comme celle-ci, je pourrais en faire un petit livre. Je vous en raconte une dernière et je passe à la suite. C'était une soirée dans le centre de Nancy. Je revoyais des amis du tennis de table que je n'avais pas vus depuis longtemps. Nous avions prévu de faire un restaurant puis de terminer dans un bar à ambiance.

Cette soirée, j'étais vraiment malade, je commençais à avoir une toux rauque à tel point que même manger et boire devenait compliqué. Au restaurant, j'avais pris un cocktail alcoolisé de 5O cl. Je ne l'avais pas bu pour ne pas brûler ma gorge, mais au prix qu'il coûtait, je n'allais certainement pas le gâcher. Comme je sortais de l'entraînement de tennis de table, j'avais dans la voiture mon sac de sport. Je sortis de table, regagnai ma voiture et pris une bouteille vide. Je versai le cocktail dedans. Ça profiterait forcément à quelqu'un dans la soirée. Comme c'était mon cocktail et ma bouteille, c'est moi qui avais en main cette potion magique couleur rouge orangé.

On se rendit dans un premier bar puis dans un deuxième. Nous étions tous pompettes au moment de se diriger vers la queue d'attente du dernier bar. Un bar dansant. Arriver devant le physionomiste, ce dernier marqua un temps de silence. Il fixait ma bouteille :

— Personne ne ramène de consommation personnelle d'alcool dans le bar, jette la bouteille dans la poubelle et vous pourrez entrer.

Mes cinq potes me regardaient et attendaient que je jette la bouteille.

— Ce n'est pas de l'alcool ! *(Regards noirs de mes amis qui se disaient qu'ils n'allaient jamais entrer.)*

J'enchaînai :

— C'est un sirop pour ma gorge !
— Tu fais attendre tout le monde et tu te fous de ma gueule en plus ? Ouvre la bouteille, je sens et si c'est de l'alcool, personne ne rentre !

Bon, là, clairement, si je ne me sortais pas de cette situation, ils allaient me détester pendant un certain temps. J'ouvris la bouteille et d'un seul trait, je vidais son contenu.

— Vous voyez, c'était un sirop pour ma toux.

Tout le monde était estomaqué et le videur nous laissa entrer. Mes potes n'en revenaient pas et moi, je passai les 35 premières minutes de la soirée, assis sur un tabouret dans un état de mort cérébrale. Mais j'avais sauvé la soirée et c'était le plus important. Je pourrais continuer, encore et encore, mais ça n'en finirait pas.

J'étais hyper heureux de la vie que j'avais. La seule chose qui pouvait rendre le tableau complet, c'était de trouver l'amour. Une belle connerie ; j'aurais dû chasser cette idée de ma tête pour encore longtemps, mais que voulez-vous, il faut parfois beaucoup de temps pour à nouveau y croire, beaucoup d'échecs pour enfin savourer une victoire. La victoire ? Elle n'arrivera pas maintenant.

Je m'étais fait un groupe d'amis avec qui je sortais exclusivement dans un même bar à ambiance tous les jeudis soir. À une de ces soirées, nous décidâmes de la démarrer par un restaurant. J'étais avec Alex et un autre pote. Je les écoutais en train de déblatérer des conseils, techniques et astuces pour emballer quelqu'un en boîte de nuit. Voici les choses que j'appris de cette grande discussion vue par les élites de la drague :

— Il ne faut jamais aborder une fille au milieu de son groupe d'amies (bon ça, je l'avais appris à mes dépens).

— Il faut aborder quelqu'un uniquement s'il y a eu : un ou plusieurs contact(s) visuel(s) et/ou physique(s).

— Il faut essayer de danser avec quelqu'un, mais pas n'importe comment. Les cinéphiles l'auront sûrement appris dans *Hitch : expert en séduction*[11]. Piqûre de rappel. La danse, pour beaucoup, est assimilée au sexe. Danser rapprocher, pas de problème. C'est même mieux. Ça permet de discuter discrètement dans l'oreille de l'autre et plus si affinité. Le plus important, ça va être le positionnement des mains. Une main trop haute dans le dos ou sur l'épaule, c'est de l'amitié. Une main trop basse dans le dos, à la limite des fesses, c'est une invitation au sexe et ça peut se terminer en gifle sur la joue. Le milieu du dos, c'est parfait.

— Il ne faut jamais demander les coordonnées d'une personne pour la revoir. Moins on en sait mieux c'est. Cela évite de culpabiliser si on a embrassé quelqu'un qui était en couple, mais cela permet de ne surtout pas avoir d'attache. Si vous embrassez quelqu'un en boîte, il y a de grandes chances pour que vous ne soyez pas le premier ni le dernier donc profitez du moment et surtout, ne vous attachez pas.

C'étaient les conseils d'experts. Après le restaurant, direction le bar à ambiance. En un peu moins d'un an où je commençais à fréquenter

[11] Œuvre cinématographique d'Andy Tennant mettant en scène Will Smith dans le rôle d'entremetteur professionnel afin que des hommes ordinaires rencontrent des femmes extraordinaires.

ces établissements, je n'avais jamais flirté avec personne (et ce n'est plus ce que je recherchais). Mais à cette soirée, ça allait changer.

Au début de la soirée, rien d'anormal. Tout était plutôt habituel, chacun à sa place. Le bar était rempli de mecs, alignés en première ligne et qui commandaient pour les filles derrière. J'ai toujours trouvé ça amusant. C'était toujours le même type de gars qui payaient au même type de filles. Ils préféraient rincer en cocktail celles qui leur demandaient combien ils gagnaient par mois plutôt que celles qui leur demandaient s'ils aimaient ce qu'ils faisaient comme métier.

Avec Alex, on reconnut des gens de notre classe accompagnés. Je jetai des coups d'œil circulaire ; il y avait vraiment pas mal de gens que je connaissais. On décida rapidement de prendre une première tournée pour « se mettre dans l'ambiance ». Puis une deuxième. Puis une troisième. Je me sentais vachement bien. Légèrement éméché, mais sans plus. Nous rejoignîmes les gens de notre classe et nous fîmes connaissance avec le reste du groupe.

Très vite et après quelques contacts visuels, je me rapprochai d'une fille. L'alcool était d'une grande aide dans ce genre de situation. Nous faisions connaissance très brièvement. Les musiques assourdissantes abrégeaient nos tentatives de discussion. Nous dansâmes sur quelques musiques puis au beau milieu de la piste, nous nous embrassâmes. On passa toute la soirée ensemble. Mes potes étaient autour de nous à sauter et crier comme s'ils avaient gagné au Loto.

Lorsqu'elle partit, avec mes potes, on poussa la soirée jusqu'au bout de la nuit. J'avais suivi les conseils du staff technique représenté par mes potes et leurs conseils douteux. Le lendemain, je mangeai avec Alex et lui confiai que j'aimerais bien savoir qui elle était pour même, juste refaire des soirées. Il me regarda droit dans les yeux :

— Souviens-toi ! On ne cherche jamais les coordonnées de quelqu'un avec qui on flirte en sortie nocturne. C'est la base si tu ne veux pas souffrir.

Vraisemblablement, je voulais souffrir. Je parvins à la retrouver sur les réseaux et je lui envoyai un message. Elle me répondit sous deux jours. La semaine qui suivit, on se parlait très ponctuellement et de manière espacée. C'était vraiment sans attente, juste, on avait passé tous les deux un bon moment et on souhaitait aller boire un coup. J'en parlai à Alex. Il me dit qu'il espérait que ça soit l'exception qui confirme sa règle. Je l'espérais aussi. Elle s'appelait Vivian (« s'appelait » ; enfin, elle s'appelle toujours, j'espère quand même) ; elle venait de Los Angeles et était arrivée en France il y a près de dix ans, car sa mère avait muté.

Je donnai rendez-vous à Vivian la semaine suivante, un mercredi soir. Ce fut la première fois de ma vie que je restai si longtemps dans un bar : de vingt heures à une heure du matin. Je n'avais pas vu le temps passer. Nous avions parlé de tout et de rien, de vacances, de tatouages, d'études, de sa famille, de la mienne… Je la ramenais chez elle et nous programmâmes une autre date pour aller au cinéma, mais pas pour voir n'importe quel film. Non. Pour aller voir le retour de Titanic sur grand écran. Je commençais un peu à m'attacher. Ce que je détestais chez moi, c'est que j'étais assez à l'aise (même un peu trop) avec mes potes, ma famille ou même des filles avec qui je ne souhaitais rien du tout, mais dès que j'envisageais quelque chose, c'était panique à bord. J'essayais de me détendre tout de même.

Au cinéma, les sièges étaient moelleux, les popcorn sucrés caramel étaient délicieux et il n'y avait pas grand monde dans la salle. Non, je vous vois venir. « Il n'y avait pas grand monde dans la salle » est purement un fait neutre et innocent qui ne donnera pas suite à une scène comparable à celle où Jack dessine Rose comme « une de ses françaises ». On s'est tenu la main et c'était déjà pas mal pour moi. Je la ramenai chez elle et nous nous embrassâmes à nouveau. C'était un pas de géant pour moi et dans la confiance que je pouvais avoir. J'étais légèrement piqué, mais je réussis (étonnamment) à garder une certaine distance. Ça n'allait plus durer pour très longtemps.

On se voyait deux ou trois fois par semaine et c'était plutôt cool. On allait au bar, en boîte, j'allais regarder des films chez elles, on allait se balader, etc. Nul n'est dupe, plus les jours défilaient, plus il y avait de l'attache. Enfin, de mon côté, certainement. Quand on se voyait, il n'y avait rien de plus que des câlins et bisous ; je ne voulais rien faire tant que je n'étais pas en couple (ce n'était pas une volonté qui a sa place dans ce siècle). À mon sens, c'est ici que les évènements se sont corsés.

Elle ne m'écrivait presque plus, m'envoyait des réponses synonymes de « bon, je réponds parce que ça fait quand même huit heures que tu attends une réponse », mais continuait à venir me voir au bar à ambiance, à me parler et à m'embrasser. Je ne la comprenais définitivement plus. Elle me faisait comprendre en dehors qu'elle ne voulait pas de moi, qu'il n'y aurait jamais rien, mais elle me démontrait tout l'inverse en sortie nocturne. Que cette situation qui a duré des semaines a pu être horrible à vivre ! Elle me gardait sous le coude. J'étais le gars sympa, un peu trop gentil pour être avec elle. Je patientais encore quelque temps dans cette position plus qu'inconfortable. Puis je me questionnai : « Allez, essaye de lui donner ce qu'elle veut. Si on entretien quelque chose de sexuel ensemble, peut-être qu'elle voudra sortir avec moi. » Mon Dieu que je me déteste en écrivant ces lignes. Et le plus fou arrive. Comme j'étais très stressé et anxieux par cette drôle de « relation », pour parvenir à la fin que je m'étais imaginée, il fallait que je sois détendu. C'était un jeudi soir, avant d'aller en boîte, quand j'eus la pertinente idée de… retrouver mes anciens médicaments. El famoso Temesta. C'était pour donner à mon corps et mon esprit un peu de tranquillité. Cela aurait pu marcher, si je n'avais pas oublié pendant la soirée, que j'avais pris ces médicaments lorsque j'ai commencé à consommer de l'alcool. La suite des évènements m'a été racontée par Alex et mes potes le lendemain, car je ne m'en souvenais pas.

— Mec, c'était une soirée incroyable à la base. On était une table de dix. On a pris trois ou quatre verres et on est tous allés danser. Toi, tu alternais entre nous et la fille que tu vois souvent là-bas. Putain, comment elle s'appelle ? Ah oui, Vivian. Vous vous embrassiez après, tu revenais avec nous, franchement c'était dingue. Puis vers minuit et demi, on était trois, dont toi à venir s'installer au bar sur les tabourets. Je te parlais, mais t'étais déconnecté et à un moment, plus rien. Plus de son, plus d'image. Tu es tombé du tabouret et tu t'es écrasé au sol. Au début, je me foutais de ta gueule, je te disais « putain mec, ne déconne pas, on va se faire virer avec tes conneries, en plus t'as bu que deux ou trois verres qu'est-ce qui t'arrive ? ». Et là, j'ai vu ta tête inerte, tes yeux qui révulsaient. On a fait une chaîne humaine pour te sortir de là, il y avait un troupeau autour de toi. J'ai appelé les pompiers. T'étais toujours inconscient, enfin je pense, puis t'as commencé à avaler ta langue. On était quatre sur toi, un avait la main dans ta bouche pour pas que tu t'étouffes, un te parlait, un te tenait et moi j'étais avec les pompiers qui venaient d'arriver. Là t'as repris connaissance. Un des pompiers est descendu et t'a ceinturé parce que tu bougeais à mort. T'étais dans un état, je n'avais jamais vu ça. Le pompier à commençait à s'énerver et à te maintenir les bras parce que tu gigotais trop et tu ne répondais pas à ses questions. Il t'a serré vraiment fort, t'as hurlé « lâche-moi, arrête de me toucher » et il te répondait de te calmer et surtout de fermer ta gueule. T'étais en trans. Il t'a ceinturé encore plus fort, on assistait à une prise de soumission en MMA[12]. Ensuite, t'as placé ta plus belle descente du coude dans ses côtes, il a été hyper surpris donc il a relâché sa prise, t'as de nouveau crié « je t'ai dit de ne pas me toucher » et tu lui as mis une droite. Je pense que c'est à ce moment que tu as pris conscience de la gravité de la situation. Tu t'es figé, puis redressé et je t'ai aidé à te relever. La Police est arrivée et t'as tracé comme jamais. Je ne t'avais jamais vu courir comme ça depuis avant qu'on enchaîne les restaurants et soirées. T'aurais eu ta place aux JO 2024 en athlétisme sans problème si les recruteurs avaient été là. Mais ce n'était pas le cas, c'était la Police qui te courait après. T'as réussi à les semer et tu t'es réfugié dans une Fac. Après trente bonnes minutes, on t'a retrouvé et

---

[12] MMA : Mixed Martial Arts (Arts martiaux mixtes en français) désigne un sport de combat complet associant plusieurs disciplines comme la lutte, la boxe, le judo, le jujitsu… en une seule.

on t'a ramené. J'ai eu la peur de ma vie, je te jure, tu ne me refais jamais ça.

Putain, ce que j'étais honteux ! Les évènements m'avaient largement dépassé. Avoir mis ma vie en danger, avoir gâché la soirée de mes potes, avoir fait déplacer pompiers et policiers et le pompon : avoir frappé un pompier qui n'était là que pour m'aider. Sur ce coup, j'avais été une belle merde. Et pourquoi ? Pour essayer d'être et de faire comme le voulait une fille qui n'en avait rien à cirer de ma gueule. Pauvre de moi.

Le lendemain, j'invitai Alex au restaurant. J'avais également prévu de présenter mes excuses à la boîte de nuit s'ils me reconnaissaient prochainement. J'en aurais aussi profité pour demander s'ils connaissaient le nom ou la patrouille de pompiers qui était venu pour demander pardon également.

À la fin du restau, devant ma voiture, Alex me confia :

— Ça ne me fait pas plaisir de te le dire, mais c'est nécessaire. Quand tu étais étalé par terre, Vivian est sortie avec ses potes au même moment pour rentrer chez elle. Elle a jeté un bref coup d'œil sur toi, m'a regardé également, puis est partie. Ça ne lui coûtait rien de venir me demander ce qu'il se passait ; surtout qu'elle me voit ici avec toi toutes les semaines. J'imagine qu'elle n'a pas pris de tes nouvelles aujourd'hui ?

— Oui…

— Lâche l'affaire. Je sais que ça fait mal, mais ça crève les yeux, elle n'en a strictement rien à foutre de toi, c'est la vérité. Ouvre les yeux bordel.

Il avait entièrement raison. Je mis quelques jours à me faire à l'idée que c'était le mieux à faire et je la supprimais de ma tête. Définitivement.

Je me concentrais essentiellement sur l'école et le travail. Je bossais en alternance dans une boîte de communication. L'équipe était jeune et dynamique. J'ai adoré mon expérience là-bas. Ça n'a pas toujours été simple, spécifiquement au début. J'étais assez réservé dans ce milieu et le cœur de mes missions était : de la prospection. Beaucoup de prospection. Il m'arrivait d'appeler 40 à 60 TPE/PME par jour. C'était assez complexe au début, car je démarrai de zéro.

Je me souvins que parfois, je rentrai chez moi complètement démoralisé, car sur cinquante appels, je m'étais fait rembarrer cinquante fois. Mais à présent je peux me dire que ça a été formateur tant au niveau professionnel que personnel : j'ose de plus en plus. Nous avions une dizaine de concurrents sur un petit secteur, c'était compliqué de se démarquer. Les rendez-vous étaient passionnants, puisque nous n'avions jamais ou rarement le même type de professionnel. Tantôt des électriciens, plombier, entreprise de BTP, tantôt des restaurants, traiteurs ou encore des entreprises spécialisées dans l'évènementiel (dont celle de mon frère, 3Event. Oui, c'est clairement de la publicité, mais c'est mon frère, et ce sont surtout des prestations qualitatives.).

Nous avions quelques clients avec des propositions de projet super novatrices comme la fois où deux meilleurs amis sont venus nous présenter un concept sur les voyages ; les personnes devaient, sur leur site internet, donner leurs préférences en termes de « vacances de rêve » et ils se chargeaient de leur préparer un voyage mystère hors du commun. Parfois, c'est même moi qui rédigeai les textes sur les sites de nos clients.

Et il y en a un pour qui c'était vraiment… comment dire… énorme ! Une dame, la quarantaine, était venue nous présenter son projet de création d'une love-room. Le concept est le suivant : c'est simplement un appartement aménagé et exclusivement dédié à un séjour romantique (ou sexuel. Voire que sexuel). C'est donc idéal pour des couples ou encore pour les amants et maîtresses qui souhaitent se voir en toute discrétion. Dans certaines love-room, l'adresse du lieu est tenue secrète jusqu'au jour J pour garder un maximum de surprise.

Cette chère cliente souhaitait un site internet pour promouvoir son activité. Jusqu'à là, tout à fait normal. Elle était avec le développeur en train de voir comment aller être aménagé son site jusqu'au moment où elle sortit une feuille avec les éléments clés de son appartement et « références produits » pour les intégrer au site. On y retrouvait un lit king size, un jacuzzi, un sauna, un panier garni à l'entrée et… le reste. Un distributeur de sex-toys, une balançoire en cuir, une croix de Saint-André et tout un tas d'objets disponibles dans la pratique des jeux de rôles et du BDSM[13]. J'aperçus le regard du développeur au moment de saisir les données. Je me mordis les lèvres pour ne pas rire. Ce n'était que le début.

Ensuite, c'était à mon tour de rentrer dans la partie (sans mauvais jeu de mots). Je devais élaborer des textes de présentations pour toutes les pièces de sa love-room, surtout pour la pièce « dédiée au plaisir ». Une fois terminé, je lui donnai à nouveau rendez-vous pour lui montrer le travail que j'avais fait. Assez satisfaite, elle se sentit assez à l'aise pour « me montrer quelque chose » sur son téléphone.

Elle alla dans sa galerie photo et cliqua sur une photo. C'était elle, toute souriante avec godemichet d'une trentaine de centimètres à la main. Je devais rester professionnel :

— C'est top, vous prenez soin de vos clients et vous veillez à ce qu'ils ne manquent de rien.

Un sourire s'esquissa aux extrémités de ses lèvres :

— Ça aurait pu, mais non, ce n'est pas pour mes clients !

Je marquai un temps d'arrêt pour être sûr d'avoir bien compris ce que je venais d'entendre. Je me repris :

— Oh d'accord, je vois ! C'est monsieur qui souhaite vous faire plaisir !

[13] BDSM : ensemble de pratiques sexuelles reprenant les initiales de cet acronyme : le bondage, la domination, la soumission et le sadomasochisme.

Elle s'esclaffa d'un rire salace :

— Oh non, c'est l'inverse ! C'est moi qui l'initie, c'est un gode anal.

Mon responsable de l'époque était dans la pièce à ce moment avec le développeur principal. Les deux me regardaient depuis le début de la conversation. J'avais envie de mourir de rire, mais je restai droit, avec pas mal de self-contrôle, je dois avouer :

— Oh, d'accord ! Super !

Elle poursuivit en me montrant d'autres photos. C'est de loin la situation la plus insolite que j'ai eue au travail. La cerise sur le gâteau de cette situation : quand son mari vint à l'agence pour régler les frais du site internet. Un grand gaillard de 1 mètre 90, assez imposant, qui faisait très viril. Je n'avais de cesse en train de l'imaginer… Nan, les images dans ma tête doivent rester bloquées à cette journée-là. Avec mes collègues, on en a ri pendant si longtemps. L'année se poursuivit tranquillement, j'avais hâte d'être en vacances.

Chapitre XII
Si je n'en parle pas, ça n'existe pas

Pour une fois, j'avais vraiment l'impression d'avoir mérité ces vacances. J'étais passé d'avoir plus de dix semaines de vacances avec celles d'été à une semaine imposée en décembre et quatre semaines l'été. Ça calme.

En juillet, je me rendis en Croatie pour l'Ultra Europe, un des plus grands festivals au monde et comment vous le dire ; ce furent les plus belles vacances de toute ma vie. J'étais parti avec mon frère et ses potes pendant une semaine. Il y avait trois jours de festivals d'affilés de dix-neuf heures à cinq heures du matin. Le line up était incroyable : Dj Snake, Martin Garrix, Alesso, Marshmello, Nicky Romero… J'ai vraiment passé une semaine de rêve. Festival, découverte d'un nouveau pays, sorties insolites, moments de détente : tout y était.

Le séjour aurait pu être compromis, car deux semaines auparavant, je m'étais fait une grave entorse au pied en jouant au tennis : « entorse du lisfranc avec arrachement osseux ». Je ne m'étais pas raté pour ma première entorse de cheville. J'aurais dû avoir le pied immobilisé dans une botte pendant deux mois minimum. Problème ? L'entorse est survenue deux semaines avant mon départ. Les médecins et kinés étaient unanimes : « si tu y vas et que tu te blesses dessus, c'est adios le sport pendant un à deux ans. » Vous commencez à connaître le personnage, têtu et borné. Je n'avais pas travaillé pendant six mois pour rester sur la touche. J'y suis allé et tout s'est bien passé. J'ai évoqué, plutôt dans de ce livre que j'étais une catastrophe ambulante en vacances.

C'est simple : j'ai visité les hôpitaux de toutes les destinations où je suis allé. À Tignes en Savoie, je me suis fêlé une côte, en Égypte, je me suis fait piquer par une méduse ou encore aux îles Canaries, j'ai eu un traumatisme crânien en tombant de ma hauteur… en jouant au tennis. Vous pouvez partir sereinement avec moi en vacances, il ne vous arrivera jamais rien. Un avion se crashe ? Aucun problème, si je suis dedans, vous serez tous rescapés. Mais tous ces périples ne sont rien à côté de celui qui allait arriver après la Croatie.

J'ai la chance d'avoir des amis, deux frères, qui ont un père qui travaille en Martinique. Je suis assez proche d'eux, c'est comme ma deuxième famille. J'étais très enthousiaste de prendre la direction de la Martinique pour deux semaines. Et là, vous vous demandez : qu'a-t-il pu lui arriver encore ? Il a pris une insolation ou une noix de coco sur la tête. Non, ça aurait été bien trop peu original. N'est pas Benjamin Ecuyer qui veut. En Martinique, il y a beaucoup d'animaux exotiques. Des araignées, des scolopendres[14], plein d'insectes, des poissons et même une île qui n'abrite que des iguanes. Un indice, c'est une des espèces que je viens de citer. Je parie que vous pensez aux araignées, pas vrai ? Et non, même si ça aurait pu être très probable. Il y en a énormément là-bas et de toutes les tailles si je peux dire. La pire qui existe, c'est l'araignée-banane. Parmi tous les symptômes que peut provoquer sa morsure, les pires sont : une érection douloureuse et longue de plusieurs heures. Mais fort heureusement, ce n'était pas ça.

Bon, allez, je vous le dis. C'est sûrement l'animal auquel vous auriez le moins pensé : le poisson. Mais pas n'importe quel poisson. Le poisson-lion (ou rascasse volante pour les plus savants). Petite biographie de l'animal : c'est une des espèces de poissons les plus venimeuses qui prolifèrent aux Antilles. Se situant tout en haut de la chaîne alimentaire, ce charmant petit poiscaille n'a presque aucun prédateur et donc se reproduit à une vitesse faramineuse à tel point qu'il en devient un problème pour l'écosystème. Il mesure une

---

[14] Issues de la même famille que les mille-pattes et les cloportes, les scolopendres vivent essentiellement dans les maisons en recherche d'humidité ; animal pouvant être venimeux.

trentaine de centimètres à l'âge adulte. Autre donnée assez folle (vous comprendrez dans un instant pourquoi), c'est un poisson qui vit entre trente et soixante mètres de profondeur. Maintenant, intéressons-nous au contexte. Imaginez une sortie paisible, avec un bateau loué pour visiter des criques et des zones de la Martinique. Tout se déroule à merveille. On explore, on danse, on mange, on écoute de la musique : une sortie ordinaire. Souhaitant plonger, nous décidons d'accoster à un port à vingt-cinq minutes de bateau de notre point de départ.

Voulant la jouer marin professionnel, je jette l'ancre et saute dans l'eau pour attacher le bateau. J'avais une cordelette avec un mousqueton que je devais attacher à une bouée. M'approchant de la bouée, qui était bien sûr, à la surface (pas à trente ou soixante mètres de profondeur), je sens deux piqûres sur ma main. J'ai un mouvement de recul et je me dis que ce n'est pas très grave, que ce sont sûrement des algues, un crabe ou même un pic de sécurité posé exprès sur la bouée. Je n'y prête pas vraiment attention, je termine ce que je suis en train de faire et je remonte dans le bateau.

J'avais une douleur qui s'intensifiait au niveau du poignet et de la main : une sorte de picotement, comme si ça vibrait. J'ai désinfecté, ça ne passait toujours pas. Je ne pouvais même plus bouger certaines parties de mon corps. Je sentais mon cœur battre la chamade ; il tambourinait de plus en plus fort dans ma poitrine. Ma main gauche était devenue difforme et ressemblait à un genou. C'est de très loin, la douleur la plus intense que je n'ai jamais eue de ma vie. Les picotements dans la main étaient semblables à des coups de poignard qui déferlaient avec violence. À un moment, je m'arrêtai net de bouger, je fixais le ciel et j'interpellai la mère de mes potes :

— Olivia… je sens un liquide dans mon bras.

Grosse panique à bord, il fallait me débarquer au plus vite sur la terre ferme. Le venin du poisson-lion se propageait lentement jusqu'à ma poitrine. Je me disais dans ma tête que j'allais y rester. J'étais semi-conscient. Arrivée à toute allure sur un ponton où les bateaux n'avaient normalement pas le droit d'accoster, une chaîne humaine s'organisa pour m'extraire du bateau. Direction, le médecin le plus proche.

Une fois arrivé, il plaça mon avant-bras ainsi que mon poignet dans une bassine d'eau très chaude. C'était le seul moyen de dissoudre le venin. Je fus transféré à l'hôpital de Fort-de-France, aux urgences. J'y restai plusieurs heures : la douleur n'était à présente que dans un doigt. Il était devenu raide. Encore aujourd'hui, j'ai du mal à le plier complètement. Le chirurgien m'a dit que pendant trois jours je devais faire des points de pression sur mon doigt et que si la douleur n'était pas passée, il fallait retirer les tissus morts. Les tissus morts ? Mon doigt en gros. Je n'étais pas inquiet, j'étais passé de « failli mourir » à « on peut m'enlever un doigt » donc j'étais serein.

Cette histoire qui aurait pu avoir une suite bien plus dramatique se terminait plutôt bien. Tous les ans, des personnes qui se heurtent à des poissons-lions ne remontent pas toujours à la surface. « La chance » que j'ai eue, c'était d'avoir convulsé sur le bateau et pas à cinquante mètres de profondeur. J'avais eu une bonne étoile, j'en étais conscient.

On fêta le soir même mon retour parmi les vivants (les bons vivants, je dirais même) autour d'un bon verre de rhum et d'un cigare. Les vacances touchaient à leurs fins et je revenais en métropole, bien fatigué à cause du décalage horaire, mais prêt à enchaîner une nouvelle année. Je m'inscrivis dans un autre établissement pour terminer ma licence, dans une école de Négociation et je changeai également de travail. Je voulais que cette année soit spéciale. Je voulais être heureux dans tous les compartiments de ma vie.

Depuis mon agression, j'avais entendu beaucoup de personnes me parler d'EMDR : une sorte de thérapie par mouvements oculaires qui cible essentiellement les mémoires traumatiques des personnes. Ça peut s'apparenter à du baratin dit comme ça. Moi-même, j'ai été sceptique pendant longtemps. Là, j'avais 22 ans. C'était le moment d'en finir une bonne fois pour toutes. J'appelai une praticienne. Étonnamment, j'eus un premier rendez-vous plutôt rapidement ; deux semaines après mon appel. Assez enjoué, j'allais vite déchanter.

J'attendais calmement dans la salle d'attente. J'avais un léger stress, car pour la petite histoire, la psychologue que je m'apprêtai à voir avait une partie de ses locaux à mon ancien travail, donc je l'avais croisée pendant un an presque tous les jours. Vint mon tour. Le retour à quelque chose qui ne m'avait jamais réellement quitté. Une brève présentation de ma famille, de mon environnement, puis de moi-même. Arrivé aux choses sérieuses où je lui expliquai pourquoi j'aurais besoin de ses services, elle devint pâle. Je me souviens qu'elle enchaîna deux verres d'eau avant de me couper :

— Je suis désolé, je ne serais pas capable de vous suivre. Je connais votre histoire, car le fils de votre agresseur était un ami à moi pendant mes études. J'ai à l'époque été très touchée d'apprendre les faits et je ne me sens pas émotionnellement capable de vous accompagner et de me replonger dans certains souvenirs.

J'étais sur le cul. La probabilité que ça arrive. Le rendez-vous se solda sur ça et elle me transmit les coordonnées d'une consœur. J'étais un peu énervé en sortant, mais quelques jours après, en y réfléchissant, je me disais que c'était une bonne chose et je la remerciai dans un e-mail :

« Je trouve votre démarche honnête, comme vous m'aviez dit lors de notre rendez-vous, vous êtes un humain avant d'être psychologue. J'étais surpris et troublé sur le moment, car je ne l'avais pas compris de cette façon ! Après avoir réfléchi de mon côté je me suis dit que ce n'était pas si mal, car si cela vous touche autant, vous êtes aussi "victime collatérale" de l'affaire et cela doit être délicat, même pour vous, de revenir dessus.

Encore "merci" de me l'avoir signalé rapidement, j'espère que vous trouverez la paix concernant ce sujet et plus particulièrement cette affaire. »

Je devais tout recommencer. J'eus un rendez-vous deux mois après. J'y allais presque sans espoir, sans attente particulière. Il faut savoir que de toutes les psychologues/psychiatres que j'avais eus, je n'avais jamais abordé la sexualité dans la profondeur. Mais là, je me sentais différent : je me sentais prêt à parler de tout, absolument tout.

La première séance se passa plutôt bien. Elle m'expliqua comment les prochaines séances allaient se dérouler. Elle me mettait en confiance. Elle était spécialisée en trauma et plus particulièrement sur la sexualité. J'arrivais à n'avoir aucun tabou. Elle rationalisait et expliquait certains de mes comportements ou pensées antérieures ou encore actuelles. J'exprimai mon aversion pour les relations d'aujourd'hui :

— Pfff… mes potes parlent de trouver de la « femelle », ils sont toutes et tous de la viande sur des applications de rencontres ! Comment vraiment trouver l'amour là-dessus ? On dirait une école de commerce, c'est le même schéma !

— Pourquoi dites-vous ça ? Qu'est-ce que vous voulez illustrer ?

Je souris :

— Bah quoi c'est vrai ! C'est de la prospection, ce qu'il se passe là-dessus.

— Mmh… Développez ?

— Vous choisissez de dire si quelqu'un vous intéresse ou non alors que vous ne l'avez jamais vu, c'est comme de la prospection téléphonique. Admettons que vous aimiez 100 profils, il va y en avoir 7 ou 8 avec qui ça va coller. C'est un taux similaire à la réussite en prospection. Ensuite, vous allez leur parler, il va peut-être en avoir 3 ou 4 que vous allez réussir à voir ; ça s'apparente aux 3 ou 4 rendez-vous clients que vous auriez réussi à avoir sur les 7 ou 8 intéressés. Enfin, sur les 3 ou 4 que vous allez voir, vous allez coucher avec une. Une fois fait, vous n'allez plus vous intéresser à la personne comme un commercial ne s'intéresse plus à son client une fois qu'il signe. Et c'est le même processus qui va se répéter !

— C'est une vision, je dois dire… particulière. Vous avez déjà essayé ce type d'application ?

— Oui. Parce qu'il ne faut pas faire de généralité. C'est assez caricatural ce que je viens de vous dire, mais il y a aussi beaucoup de bonnes personnes. Il y a également des personnes timides qui n'aborderaient personne lors de soirées ; il faut bien que ces personnes tissent des liens sociaux. Néanmoins, je suis assez exigeant. Pas que sur les plateformes de rencontres d'ailleurs. Je suis très exigeant, car je peux donner en retour absolument tout ce que je souhaite d'une relation. Sur ces plateformes, j'ai aussi vécu mon meilleur et mon pire rendez-vous.

— Mais ces exigences que vous souhaitez ne sont pas nécessairement les exigences que les autres veulent. Racontez-moi vos rendez-vous !

— Je parle de chose primaire comme la gentillesse, la fidélité ou encore la complicité… D'accord ! Le premier, le meilleur, m'a fait énormément mal. Le deuxième, est le pire dans le déroulé et c'est aujourd'hui le plus drôle. C'est bizarre quand je l'explique comme ça. En gros, le premier, c'est une fille que j'ai rencontrée deux mois après la séparation avec son ex. Le premier rendez-vous s'est passé chez elle et franchement, ça a matché tout de suite. On est resté deux bonnes heures dehors sur sa terrasse à parler de tout et de rien. Avant ça, nous nous parlions tous les jours et parfois même, nous nous appelions les soirs. C'était une grande marque d'affection pour moi, car dans ma vie personnelle, je détestai appeler les gens. Je le faisais tellement de fois au travail qu'une fois chez moi, si je n'avais pas à le faire, c'était mieux. Elle m'avait confié qu'avec son ex-petit ami, ça avait été plus que tumultueux, que ça ne s'était pas forcément bien fini. Il l'avait frappé, trompé et avait déjà insisté pour avoir des rapports sexuels non consentis. Le connard parfait. Elle était vraiment gentille et ça, c'est une qualité qui compte beaucoup pour moi. Chez elle, après avoir discuté, on était sorti jouer à la raquette puis nous partîmes faire du quad. On était assez complices en si peu de temps ; on se comprenait sur plein de choses. On a continué à se voir chez elle plusieurs fois, elle m'avait présenté à ses parents et j'étais venu dormir deux fois. Les choses se profilaient super bien. Comme le dit si bien Orelsan : « Je pouvais enfin me poser, la réponse à toutes mes questions s'endormait à mes côtés. ». Parfois, je la fixais pendant quelques instants sans parler. Quand elle me demandait « quoi ? », je lui répondais « Rien, je voulais juste te regarder ». Jusqu'au jour, où, n'en ayant pas de nouvelles depuis plus de vingt-quatre heures, ce qui était inhabituel, je lui demandai si tout se passait bien. Sa réponse était grosso modo la suivante : « Benjamin, t'es un mec en or vraiment, mais j'aime encore mon ex. » Ahhh, les personnes qui vont sur des sites de rencontre pour oublier leur ex. Vous comprendrez, j'ai fait une longue pause après ça.

— Oui, c'est évident ! Je comprends que ça ait pu vous faire mal, mais voyez le bon côté des choses : ça aurait été pire de l'apprendre si vous étiez ensemble.

— Je suis complètement d'accord. Je suis assez rapidement passé à autre chose, mais parfois, ça revenait. À des soirées alcoolisées, je me mettais à y penser. Une fois j'étais chez des amis à une heure de chez elle, j'avais l'alcool hyper triste le jour-là, ce qui est assez inhabituel et je suis allé prendre une feuille, un stylo et j'ai écrit. Ça ne devait pas être très lisible ni même compréhensible, mais je lâchais ce que j'avais sur le cœur. Prétextant que j'étais fatigué et que je voulais rentrer, je roulai une heure en direction de chez elle et je déposai ce que j'avais écrit dans sa boîte aux lettres. Ne me demandez pas pourquoi j'ai fait ça, je ne saurais même pas l'expliquer. Elle était revenue me renvoyer un message en plus, mais j'avais eu trop mal et je n'ai jamais donné suite.

— C'est bien, vous avez réussi à vous raisonner sans moyens extérieurs ! Et concernant votre « pire date » alors ?

— Alors celui-ci rejoint un petit peu le genre de vacances que je peux passer et où je finis à l'hôpital : insolite. Je devais rejoindre une fille au centre de Nancy. Je m'étais garé à une dizaine de minutes du lieu du rendez-vous. En sortant de ma voiture, je mis mes écouteurs. Jusqu'à là, tout était banal. Puis je pris la route du lieu de rendez-vous. Je la voyais au loin et je lui fis signe. Au moment de se dire bonjour, je retirai mes écouteurs et là, le drame. Une des mousses resta bloquée dans mon oreille. Avec mes doigts, j'essayais de la retirer, mais elle s'enfonçait toujours plus loin jusqu'à devenir hors de portée. Je l'informai dès le début du problème, je mis le flash sur mon téléphone et je le lui confiai pour qu'elle regarde dans mon oreille. Vous avez sans doute déjà entendu l'adage : « Vous n'aurez jamais deux fois l'occasion de faire une bonne première impression. » : j'étais en plein dedans. Ça commençait progressivement à taper dans mon tympan. Je lui expliquai que j'étais vraiment désolé, mais qu'il fallait reporter le rendez-vous pour cette raison évidente. Elle n'avait rien de mieux à faire, alors elle m'accompagna à une pharmacie de garde. Ah oui, détail important. On était un dimanche, pas un jour en semaine donc trouver une pharmacie de garde a été un parcours du combattant. Arrivé à la pharmacie, j'expliquai le problème ainsi que les circonstances du problème et les pharmaciens riaient aux éclats. Je peux le comprendre. On nous indiqua qu'il fallait se rendre dans une branche des « petites urgences » de l'hôpital à une quinzaine de minutes. Le trajet fut long, très long. Elle était du côté passager, le même côté où j'avais la mousse de l'écouteur bloquée et je n'entendais strictement rien. Arrivés sur place, nous patientâmes une bonne demi-heure dans la salle d'attente. Pendant que des personnes souffraient le martyre, nous, nous faisions connaissance. On parlait de séries, de films, d'études, de projets, etc. C'était assez inédit. Vint mon tour et on entra tous les deux dans la pièce. Le médecin nous demanda notre lien, si elle était ma sœur ou ma compagne et je lui expliquai la réalité de la situation. Il explosa de rire et me remercia d'avoir égayé sa journée. Pas de problème, si je peux faire rire après une grosse journée, je prends. Il me plaça sur la table d'examen, toujours devant la fille qui devait se dire « putain quelle anecdote incroyable que je vais pouvoir raconter à mes potes demain ». Le médecin m'informa que si la mousse était descendue trop profondément, il faudrait opérer. Fort heureusement, ce n'était pas le cas. Après cinq bonnes minutes à trifouiller mon oreille avec une pincette XXL, il en sortit la mousse de l'écouteur, rempli de cire humaine. Bon appétit. Le médecin me remercia une nouvelle fois, ajouta qu'il n'avait jamais vu de situation comme celle-là. On riait ensemble, je le remerciai à mon tour, il était 22 heures. Nous nous rendîmes en ville avec la fille afin de boire un coup. Ça se passa plutôt bien, mais il n'y avait pas le truc des deux côtés. On resta tout de même des potes.

— Ah oui, en effet, il ne vous arrive pas des choses ordinaires à vous, s'amusa-t-elle. Même si cette histoire se finit bien, d'un point de vue médical et d'un point de vue relationnel, j'ai tout de même l'impression qu'en règle général, la « fin » vous fait peur.

— Vous avez en partie raison. La fin de quelque chose qu'on aime ne plaît en général, jamais aux gens. Moi, ce que je déteste, c'est la fin bidon, avec des excuses farfelues. Ça, ça me fait très mal. Plusieurs fois, on m'a dit ces phrases suivantes : « t'es trop gentil, ça ne va pas le faire » ; « ce n'est pas toi, c'est moi » ; « t'es un mec en or, vraiment, je vais le regretter, mais je ne peux pas ». Mon ex m'avait dit au moment de me quitter : « je t'aime, je te le jure, mais je ne sais pas, j'ai l'impression que ça ne va pas marcher et je préfère arrêter là » et dernièrement, après avoir consumé un bon bout de début de relation, on m'a dit : « T'es trop sain. Je ne sais pas comment l'expliquer, mais j'ai eu trop de relations toxiques et toi, t'es trop sain. » Je vous promets qu'à chaque fois que j'entendais une de ces phrases, un coup de poignard venait heurter mon cœur de plein fouet. C'est même une des choses qui me faisait le plus mal dans une relation. Il fallait quoi pour qu'elles restent ? Que je les insulte ? Que je les frappe ? Que je les rabaisse ? Mais je refuse catégoriquement de devenir ce mec-là pour que ça marche. Je préfère ne jamais m'écarter de ma ligne de conduite, quitte à toujours finir brisé.

Elle fit un mouvement de tête de haut en bas en plissant légèrement les yeux. Je poursuivis :

— En fait, je vais vous dire comment je vois les choses. On ne m'a pas laissé le choix ni demandé mon avis quand on a abusé de moi. Je n'arrive pas à comprendre les personnes, hommes comme femmes, qui ne subissent pas ce genre d'abjection, mais qui se donnent à n'importe qui n'importe quand. Le corps et les relations charnelles sont quelque chose de sacré. Je n'emploie pas le mot « sacré » au sens religieux, mais dans le sens où c'est précieux, je ne sais pas si vous arrivez à suivre mon point de vue.

— Je comprends votre difficulté et votre point de vue. Mais vous ne pensez pas que le fait d'avoir le luxe de « se donner », c'est quelque chose de positif ?

— Si, évidemment, aucune relation ne me pose de problème tant que les personnes sont consentantes. J'ai l'impression qu'il y a une cassure dans les relations homme/femme. Il y a de plus en plus d'agressions physiques, verbales ou encore sexuelles sur les femmes que ce soit la nuit ou en plein jour et ce sont des faits très graves qu'on ne doit pas négliger. Il y a de plus en plus de méfiance et je peux le comprendre. Et de l'autre côté, il y a une majorité d'hommes bons, des hommes bienveillants qui ne veulent pas être catégorisés de « gros porcs » parce qu'ils abordent une fille et lui disent qu'elle est jolie vous comprenez ? J'ai la triste impression que les bonnes personnes ne veulent plus franchir le pas d'aller aborder quelqu'un parce qu'elles ont peur d'être assimilées à ce qu'elles ne sont pas.

— C'est là toute difficulté des gens aujourd'hui, plus particulièrement des Hommes. J'ai grandi à une époque où il pouvait encore y avoir du contact entre les individus et pour reprendre vos dires, où un homme pouvait dire à une femme dans la rue qu'elle était jolie sans se faire accuser de « gros porcs ». Rien ne vous empêche de vous trouver sur les applications de rencontre, il y aura une première approche moins directe. Et pour ce qui est du consentement, il faudra simplement attendre la réponse.

Elle enchaîna :

— Vous aimez manger ?

— Euh, oui ! C'est quoi le rapport ?

— Le sexe, c'est comme la bouffe. Je vais vous donner plusieurs métaphores. Déjà, il ne faut jamais se poser trop de questions sur ce qu'on a fait. Quand vous allez au restaurant et que vous mangez copieusement, j'imagine que vous ne vous posez pas des dizaines de questions à savoir si vous avez mangé vos cinq fruits et légumes. Ensuite, au début de la vie sexuelle, vous n'aimez faire que ce que vous connaissez et là où vous êtes à l'aise et c'est bien normal ; c'est après que vous développez de l'appétence pour d'autres pratiques. Avec la nourriture, c'est pareil. Au début vous mangez dans des fast-food et kebab à boire des sodas et c'est seulement ensuite que vous appréciez les bons restaurants et les bons vins. Enfin, concernant ce qui vous fais le plus peur, d'avoir des pannes ou que « ça ne marche pas » c'est le même principe que d'être dans un restaurant étoilé un jour où vous n'avez pas du tout faim ; c'est embêtant sur le coup, mais ce n'est pas un drame en soi et ça ne veut pas dire que vous n'aurez plus jamais faim de toute ta vie.

— Pas mal ces métaphores ! C'est vrai qu'il faudrait que je prenne confiance et que j'arrête de m'envahir l'esprit avec des questions à la con. Mon frère a déjà essayé. En dehors de vos séances, c'est lui qui m'aide le plus au quotidien. C'est dramatique et beau ce que je vais vous confier, mais je pense que nous ne serions pas aussi proches si nous n'avions pas vécu ce que nous avons vécu. On est devenus super fusionnels. Il y a deux ou trois ans, à une de ces soirées où j'avais un gros coup de mou, il arrêta tout. Nous étions une dizaine, j'étais le plus jeune, il n'y avait que des personnes de son âge. Il stoppa tout le monde et scanda : « Petit tour de table bref ; qui estime avoir réussi sa première fois ici ? ». Il interpella chaque personne l'une après l'autre. Toutes et tous étaient unanimes : leur première fois avait été à chier. Tout le monde autour de moi œuvra pour que j'aille mieux et je voulus les rendre fiers.

J'abordai à chaque nouvelle séance des sujets que j'avais fuis il y a des années. Qu'est-ce que je pouvais détester quand mes précédentes psychologues et psychiatres me disaient que j'avais peur des femmes. Ma mère me l'avait déjà dit aussi. En y réfléchissant, c'était fondé. Pas la peur des femmes en général, mais plutôt comment interagir, comment être, comment appréhender une relation, etc. En évoquant tous ces maux, je les éradiquai de mon esprit. J'expliquai que j'avais le sentiment que mon agresseur avait volé une partie de ma sexualité liée à l'adolescence. C'était comme si de 13 à 19 ans, tout s'était figé. Je me rendais compte de plein de choses. Par exemple, j'avais eu des relations charnelles avec mon ex-petite amie avant de réussir à me procurer du plaisir en solitaire. Tout était en retard, mélangé ou les deux. Il y avait encore un peu de travail à faire, mais j'étais sur la bonne voie.

C'était décidé. « L'homme que j'étais » ; c'est lui que j'allais tuer en premier.

Ça allait tellement mieux dans beaucoup d'aspects. J'étais plus calme, plus apaisé, moins dissipé. J'avais la détermination de me prendre en main partout. Pour le travail, pour le sport, avec ma famille et mes amis. Plus rien n'arrêterait ma volonté d'être une constante meilleure version de moi-même.

Les parties « sexuelle » et « relationnelle » étaient maintenant en grande partie réglées. À la suite d'une intervention de sensibilisation, j'avais rencontré une fille, Jamie, qui était dans le public. Nous nous sommes fréquentés sur une courte période, mais assez pour que je me rende compte que j'avais fait des bonds de géant sur beaucoup de sujets. Enfin quelqu'un avec qui je me sentais à l'aise ; je crois que c'est le plus important dans toute relation. Nous avions cessé de nous voir, car elle avait des problématiques personnelles à gérer de son côté. Je ne savais pas à quel degré elle souffrait, mais je tentais de l'imaginer. L'avenir est rempli de surprise, j'avais hâte de découvrir ce qu'il me réservait. Ces parties réglées, il fallait attaquer un autre point sensible, bloqué dans mon cerveau : la mort.

Je ne savais pas si c'était lié, mais depuis toujours, j'avais peur de la mort. Mes parents me disaient que lorsque j'avais 5 ou 6 ans et que je comprenais qu'il y avait des personnes mortes aux informations, à la télé, je me mettais dans tous mes états, je courais partout en me bouchant les oreilles. J'avais très peu connu mes grands-parents paternels. Je les avais perdus à la même époque. Les deux. Entre mes cinq et six ans. J'avais fait des longues déprimes depuis mes treize ans (l'âge de mon agression) en rapport avec la mort et la fin des choses en général.

Je n'acceptai pas de ne pas avoir les réponses à mes questions et clairement, ça m'embêtait. Ces déprimes atteignirent des pics véritablement anxiogènes lorsque je me douchais (lieu principal de mon agression). Je faisais un maximum d'activités pour ne pas y penser, mais parfois, je restais comme une larve à ne rien faire pendant une semaine, à me torturer l'esprit. Le dernier épisode douloureux que j'ai ressenti dans ce domaine, c'est quand j'ai vu l'état de santé de mon beau-grand-père maternel se dégrader.

Je regardais des photos de famille des années 2010 à 2013. Il ne s'était passé qu'une petite décennie, mais clairement, ce n'était plus le même homme. La maladie l'avait rongé et elle continuait de rompre son corps et son esprit. C'est à ce moment précis que j'ai souhaité apporter de la clarté dans sa vie. Il avait eu une vie tellement difficile que j'avais à souhait d'écrire sur lui et de publier sa biographie pour que l'on n'oublie pas son histoire qui pourrait venir d'un autre temps.

Je savais que ça me ferait très mal de parler de ça avec lui, car ça remuerait beaucoup de choses en nous. Un peu de courage et du temps, c'est ce que j'avais de plus précieux à lui offrir.

Chapitre XIII
Je préfère subir l'injustice que de la commettre

Je mangeais une fois par mois environ chez mes grands-parents. Ils avaient une maison dans les Vosges, à quarante-cinq minutes de l'endroit où j'habitais. J'adorais ces moments, ils étaient rares, mais nous avions toujours quelque chose à nous dire. Nous étions très solidaires les uns les autres et mes grands-parents m'avaient beaucoup aidé quand j'allais mal. Mais ces derniers temps, c'est Papi Carl qui avait besoin de mon soutien, je le ressentais. Au fond, nous avions le même crédo : « soutiens-moi dans mes heures les plus sombres, je te soutiendrai toute ma vie. »

Après un dîner copieux comme à son habitude, ma mamie se rendit sur son ordinateur. Carl fit une petite sieste et se rendit ensuite à la véranda, sous un soleil éclatant. Il lisait des écrits que sa famille avait écrits sur la guerre. Je pris un stylo, une feuille vierge et je m'installai en silence à côté de lui. Il releva la tête :

— Tu sais, j'ai de la peine pour vous, pour votre génération. La vie ne va pas être simple pour vous, les jeunes !

— Pourquoi tu dis ça Carl, la vie que toi, tu as dû avoir devait être intensément plus compliquée. D'ailleurs, tu ne me l'as jamais tellement racontée.

— Toute ma vie, j'ai eu peur, toute ma vie, je me suis caché. Si tu savais le nombre de vies qu'il me faudrait pour réaliser tout ce que j'ai envie de faire. Les gens de maintenant sont méchants et n'acceptent plus la différence. À mon époque, les portes des maisons ne se fermaient pas à clé. Tu veux que je te raconte quoi ?

— Ce que tu veux, mon Carl. Ce que tu as envie de me dire. Je vais surtout t'écouter, m'imprégner, et apprécier le moment même si je me doute qu'il va être rude. Et tout ça de manière inconditionnelle.

— Ça ne va pas être joyeux.

— Tant que ça te fait du bien, que ça te libère, ce n'est pas grave.

— Bon… Je suis né un 24 février 1945 dans un camion de déménagement. Cela annonçait déjà la couleur. Ma vie est passée si vite, mais pas mon enfance ; je dirai même qu'elle a duré un siècle. Je n'ai pas connu mon père. Il était mort. À la guerre. Plus tard, j'ai découvert qu'il avait été enterré vivant par les Allemands ; il avait les mains avec les paumes vers le ciel, les doigts crispés et fléchis et ils ont retrouvé des griffures dans le cercueil. Comment peut-on abattre quelqu'un de la sorte ? Comment peut-on faire subir de telles atrocités ? Je n'aurais jamais pu commettre ça, même si beaucoup se disent : « c'était la personne en face ou moi ». Tu ne sais pas si la personne a des enfants, une famille et toi tu arrives et tu supprimes tout, tu ôtes la vie de ton semblable au nom de rien du tout. Les tortures de guerre étaient abominables et toujours plus cruelles les unes après l'autre. Ils mettaient des allumettes sous les ongles des capturés et les allumaient ensuite. J'en aurai vomi. J'avais quatre frères qui étaient tous bien plus vieux que moi. Il y avait Jean, né en 1935 qui est aujourd'hui décédé : il a eu un cancer des poumons. Serge, de neuf ans, mon cadet qui est également décédé d'un cancer. Puis il y a eu Roger. J'étais proche de Roger, nous avions six ans d'écart. Il est décédé à la guerre d'Algérie à 20 ans. C'était la fierté de la famille, « Mort à la guerre pour la France ! » qu'ils disaient tous ; j'aurais plutôt dit « Mort à la guerre pour sa famille qui ne le reverra plus à cause de la bêtise humaine. » Moi aussi j'étais en quelque sorte mort. J'ai connu les mêmes choses que toi. Une partie de moi s'était volatilisée lorsque Roger a eu des gestes qu'il n'aurait jamais dû avoir. Ma mère me battait, car elle aurait souhaité du fond du cœur avoir une fille. Je n'étais que, hélas, le quatrième garçon, celui de trop d'une certaine manière. Tantôt, mes parents m'appelaient « fils de boche », tantôt ils me traitaient de « sale bâtard ». Mon beau-père n'était pas en reste quand il s'agissait de me frapper. C'était un homme violent, sans once d'amour dans le cœur. Ils s'étaient rencontrés par petite annonce dans le journal. Ma mère rêvait de fonder une famille ; ils ne s'aimaient pas vraiment. J'ai reçu des sévices dès ma petite enfance. On me faisait manger de la terre et on me mettait des orties dans la culotte. Ce calvaire aurait pu s'arrêter, mais je ne suis, hélas, pas mort. Je suis allé à l'hôpital à deux ans, car j'avais du pus dans les poumons. Les médecins ne donnaient aucun espoir à mes parents, mais par miracle, j'ai survécu. Une dame m'avait pris en sympathie à ma sortie d'hôpital et souhaitait m'adopter. Mes parents n'ont évidemment pas voulu. J'aurais pourtant été bien plus heureux avec elle. Elle m'avait écrit une lettre que j'ai lue bien plus tard : elle disait que j'étais un gamin plein de vie, que je chantais, jouais et mangeais bien. J'appris également plus tard, qu'elle souhaitait me faire héritier ; elle n'avait pas d'enfant. Mes parents avaient une nouvelle fois refusé et ne m'en avaient même pas parlé. Elle est décédée lorsque j'avais quinze ans ; j'ai encore ses lettres, j'aurais tant aimé la revoir. Les violences ont évidemment repris et n'ont jamais cessé. Mes grands frères se rebellaient parce qu'ils étaient déjà grands donc c'est moi qui prenais pour tout le monde. Mon beau-père et mon frère Roger ont souvent dépassé les limites avec moi. Je m'en suis rendu compte quand j'ai surpris ma mère dire à mon beau-père dans la cuisine : « Je l'ai vu, il avait son moineau dans la main » ou encore, mon beau-père après m'avoir mis des orties dans la culotte : « c'était bizarre, il avait le moineau tout bleu. » Tous les deux, ils ont fini par avoir une fille. C'est la seule encore vivante aujourd'hui. Elle pouvait être une sacrée peste quand elle était plus petite. Parfois, elle me dénonçait à tort pour que je me fasse frapper ! J'étais tout de même protecteur, je l'emmenais sur mes épaules à l'école en courant comme un dératé pour ne pas rater le bus. Je l'aidais aussi à faire ses devoirs et quand elle n'avait pas de bonnes notes, c'est moi qui me faisais encore battre. Nous étions relativement pauvres. Toute la famille se lavait dans une sorte de bac à ciment dans la même eau avec un produit chimique. Le même produit pour nettoyer le mobilier et la vaisselle également. Un jour, en pleine nuit, je mourais de soif. Le problème, c'est qu'il fallait activer une machine qui faisait beaucoup de bruit pour que je parvienne à mes fins. Ça aurait probablement réveillé mes parents et j'aurais pris une grosse raclée. Je me suis alors dirigé vers le bac à ciment, j'ai essayé d'éloigner la crasse qu'il y avait dedans avec mes mains et j'ai bu quelques gorgées : c'était infâme. À l'école primaire, ce n'était pas la joie non plus. Il y avait Yvan qui me terrifiait. Il me frappait avec des chaussures cloutées et les autres camarades s'y mettaient aussi. L'instituteur ne m'épargnait pas non plus ; il est arrivé plusieurs fois que je sois sous son bureau à prendre des énormes coups de pied partout sur le corps. À l'époque, ce n'était pas comme maintenant ; quand on se faisait disputer à l'école, on prenait une danse à la maison en rentrant et je n'ai pas fait exception. Nous avions une centaine de cochons à la maison dont je m'occupais tout le temps. C'est l'une des raisons pour lesquelles on me malmenait à l'école : je sentais le cochon. Souvent, je m'y rendais avec une longue blouse grise qui protégeait mes vêtements. Mes camarades me surnommaient « le curé » et ils couraient vers moi pour m'attraper et me mettre des chardons dans la culotte. C'était une sorte de variante aux orties que j'avais connue plus jeune. Il y a eu quelques moments drôles si je peux dire. On faisait un jeu que tu dois connaître et que t'as même dû faire aussi. On se rendait devant les maisons du village, on toquait fort aux portes et on prenait nos jambes à nos cous pour ne pas se faire attraper. Sauf qu'une fois, un habitant nous attendait, perché devant sa fenêtre, et m'a versé un seau d'eau sur la tête ; on avait bien rigolé. À 14 ans, j'étais dans ce qui serait un collège pour toi aujourd'hui. La maîtresse de mon école avait 24 ans. Elle m'aimait beaucoup au point de me faire du pied sous la table. Elle m'emmenait à vélo jusqu'à l'école et me donner des cours à son domicile. J'étais trop jeune pour comprendre ses réelles intentions, mais avec le recul, je trouve cela plutôt amusant. À la fin de ma scolarité, elle m'a même donné son vélo. Ça me sortait du quotidien. Je savais que quand je rentrais, je devais m'occuper des cochons, de les castrer, de leur donner à manger… Je m'en suis occupé dès l'âge de six ans. J'étais proche d'eux. De toute façon, je bouffais comme eux. Un jour, une dizaine de cochons ont mis des coups de groins dans la porte en bois de l'enclos et se sont échappés, j'ai dû tous les rapatrier. En plus des cochons, nous avions un immense jardin, interminable. Je commençais par la fin de celui-ci pour me rapprocher de plus en plus du début. Je devais cumuler, l'école, les cochons, le jardin et les sautes d'humeurs de tout le monde. Une fois dans l'année, on faisait une espèce de « sortie familiale » à cinquante kilomètres de notre habitation. On sortait la vieille voiture, si tu l'avais vue tu te serais demandé de quelle planète on venait. Les parents étaient devant et nous, les enfants, étions derrière sur des chaises en bois même pas fixées à l'arrière du véhicule. On se rendait sur les tombes de notre famille, on les nettoyait et on se recueillait. Il y avait la tombe de mon père. J'y ai très souvent pensé dans les moments difficiles de ma vie. Il s'appelait Octave Sauvez et était FFI, Forces Françaises de l'Intérieur. Il faisait partie de la Résistance. Une rue porte son nom aujourd'hui. C'était un homme bon, j'en suis certain. J'aurais aimé connaître sa jeunesse et un tas d'autres choses sur sa vie. Je n'en sais guère plus sur ma mère. Je l'aimais profondément, j'aurais aimé qu'elle me prenne dans ses bras. Je n'ai pas arrêté de pleurer quand elle est décédée. Je suis persuadé qu'elle ne m'aimait pas, car je n'étais pas une fille. Je suis parti de chez moi à 20 ans, la veille de mes 21 ans lorsque j'ai reçu la gifle de trop. Les chiens étaient sortis, car j'avais mal fermé la porte ; mon beau-père m'avait à nouveau passé à tabac. Ce soir-là, j'avais pris une couverture et j'étais parti. J'ai dormi quelque temps dans une grange. Je pensais à mon père, j'aurais aimé qu'il soit là avec moi… ou moi avec lui. Je me rappelais les jours où mon beau-père avait dépassé les bornes. Par exemple la fois, à mon adolescence, où la Police m'avait embarqué à la place de quelqu'un d'autre. Je portais un long t-shirt, un bermuda et j'avais des bottes en caoutchouc. Lorsqu'ils se sont rendu compte de leur erreur, ils m'ont relâché du commissariat qui se situait à plusieurs kilomètres de chez moi. J'ai dû revenir à pied, dans le froid et la nuit avec mes bottes qui me faisaient si mal aux pieds. À peine arrivé, j'avais pris une branlée. Des anecdotes comme celle-ci, j'en ai malheureusement des dizaines. Après avoir erré quelque temps, j'ai trouvé un travail et j'y ai évolué toute ma vie. C'était la plus grosse entreprise du monde : General Electric. J'ai débuté ouvrier, j'ai terminé ingénieur. Je suis content de l'évolution que j'ai pu avoir. Mais le métier que j'aurais rêvé de faire, c'est chirurgien. Réparer les corps malades, abîmés par la vie, c'était ce qui m'animait. Mais c'était trop coûteux. Il y a tant de choses que j'aurais aimé faire ; au niveau du sport surtout. Tennisman, footballeur, handballeur, coureur de 100 mètres… J'ai encore deux cents ans de travail à terminer. Lorsque j'avais 22 ans, j'étais quelqu'un de timide et réservé. J'avais déjà un certain stress par rapport à mes résultats professionnels. C'est à cet âge que j'ai rencontré la première femme qui a partagé une partie de ma vie. Elle avait 28 ans et déjà un enfant, elle travaillait dans mon service. Ça se passait plutôt bien. Du moins, c'est ce que je pensais. Elle m'a trompé au bout de seulement un an de relation. Quand je l'ai appris, j'ai repris ma couverture et je suis parti. À la suite, j'ai déménagé dans plusieurs appartements et elle me suivait toujours, à des habitations ou à des rues proches. Elle venait me voir dans la rue et je la regardais toujours comme une inconnue, l'air surpris, comme si on venait te démarcher pour te vendre quelque chose. Je l'ai laissé parler puis je ponctuais : « Excusez-moi Madame, mais on se connaît ? ». C'était ma manière à moi de passer à autre chose et de tendre à un futur plus radieux. Dans un des appartements où je résidais, je passais plus de temps à faire le ménage chez moi qu'autre chose. J'avais des voisins au-dessus qui jetaient les restes de leur nourriture par la fenêtre. Le tout luisait sur mes baies vitrées que je devais constamment nettoyer ; c'était de sacrés porcs. J'ai commencé à gravir les échelons. Je travaillais énormément. À 26 ou 27 ans, j'ai rencontré une deuxième jeune femme. Elle avait 20 ans. Elle était si jolie, douce et d'une extrême gentillesse. Tout se déroulait à merveille jusqu'au jour où elle s'est sentie très fatiguée. Les médecins lui ont alors conseillé la prise de sang et un test d'urine. Ça s'est révélé être dramatique, elle avait de l'urine dans le sang. Ils appellent ça l'urée. Je me suis immédiatement proposé de lui donner un de mes reins. J'aurais pu être compatible, mais dans ce laps de temps, sa santé a dégringolé. Elle a été transférée à l'hôpital où elle a fait une crise d'épilepsie suivie d'état où elle était en trans. Malgré ça, ils ont affirmé qu'elle pouvait retourner à la maison. Dans la nuit, ça a recommencé. J'ai appelé les urgences qui l'ont à nouveau prise en charge. Cette fois-ci, c'était trop tard, elle était condamnée. Elle est partie le lendemain. Quand je suis allé la voir, elle avait l'air paisible, endormie. Je l'ai prise en photo, on aurait dit une princesse ; elle est toujours dans mon porte-monnaie. J'aurais pu être très en colère contre l'hôpital et même intenter une action en justice. Mais à quoi cela aurait-il servi ? Elle ne reviendrait pas et les moyens de l'époque n'étaient pas ceux de maintenant. Ils ont fait des erreurs et je ne leur en ai pas voulu, je pense que nous sommes tous coupables de quelque chose. Ils ne l'avaient pas fait exprès, il fallait que je l'accepte, c'était, hélas, la vie. Lorsque j'étais seul chez moi, je faisais des courbes de ma vie dans un cahier et j'avais extrêmement peur quand la courbe était haute, car je savais que ça n'allait pas durer. J'ai retrouvé une troisième personne avec qui j'ai vécu vingt-neuf années de mariage. Nous avons eu également un enfant, Chuck. J'avais, en parallèle, repris la direction d'un atelier complet où je travaillais. Il tournait à merveille. Il était si prolifique que General Electric le dupliqua partout en France. J'avais une telle influence que je fis embaucher un ami à moi, Christian. C'était un pauvre gars. Il avait eu un accident de mobylette et avait passé plus d'un mois dans le coma. Il avait eu des séquelles et presque aucune boîte ne souhaitait le prendre. Je lui avais parlé de mon travail et je lui avais dit que j'allais essayer de le faire entrer. J'ignorais qu'il avait déjà tout acheté : son matériel, sa blouse, ses outils, ses lunettes, tout. La réponse de mon supérieur fut un refus dans un premier temps ; il avait peur qu'il soit fragile, pas à la hauteur et ne voulait pas qu'il soit sous sa responsabilité. Après une dure négociation, il accepta que je le prenne dans mon atelier, un mois à l'essai. Je m'étais porté garant, c'était moi son responsable et tu sais quoi ? Il fut embauché après son mois d'essai et ce fut un des meilleurs éléments avec lesquels j'ai travaillé. Tout se passait bien, la courbe dans mon cahier était à son apogée. La direction de l'entreprise changea et j'eus un nouveau chef. Les rapports entre lui et moi n'étaient pas des plus cordiaux. Un 24 décembre, la veille de Noël, je reçus un recommandé par la Poste : soit je me faisais licencier, soit je devais changer de poste. J'ai changé de poste. J'étais sur le terrain à Toulouse, Nice ou encore Marseille. Je suis resté un temps à Marseille. L'entreprise battait de l'aile au point que je ne fus pas payé durant trois mois d'affilés. J'ai réussi à redresser la barre toujours en travaillant comme un acharné. J'avais une pression constante d'obligation de résultat ; je crois qu'elle ne m'a jamais vraiment quittée. Comme je faisais du très bon travail, le patron a décidé de me recevoir à Cannes lors d'un repas. Il avait des plans pour moi, me disait-il, mais c'est lui qui prenait toutes les décisions sans remise en question possible. Je l'ai alors envoyé balader et j'ai quitté cet endroit de grands patrons embourgeoisé. J'ai migré à Nancy, dans l'Est où je suis devenu VRP. C'est un métier de commercial itinérant. Le poste était très sympa dans une boîte assez moderne : Alstom, rachetée par General Electric. Encore une fois, je pouvais observer la courbe de ma vie frôler le plus haut niveau de la feuille sur laquelle elle était dessinée. Je disais à ma femme que je souhaitais quitter l'appartement où nous étions pour acheter une belle maison. J'avais pour réponse : « tu nous fais chier avec ta maison ». Je travaillais d'arrache-pied pour offrir une réelle qualité de vie à ma famille, mais ça n'a pas suffi. J'avais l'impression que ça ne suffisait jamais. Je me laissais de moins en moins faire ; j'ai même sorti un PDG de mon bureau par les épaules parce qu'il était entré sans frapper à la porte. Mes fins d'année étaient remplies de travail. Une année, j'avais prévenu que j'arriverais en milieu de soirée au repas de Noël, car j'étais en déplacement. Je leur avais fait la surprise avant de rentrer, d'aller chercher d'excellents mets pour le repas. J'avais acheté un panier garni avec des fruits de mer et plein de spécialités pour l'occasion. Arrivé à la maison sur les coups de 22 heures, je m'aperçus que ma femme avait invité un ami. Ils étaient devant la télé, avaient mangé et mon fils était au lit. La courbe faisait une chute libre sans parvenir à s'arrêter. L'extrême pression de résultats était à son paroxysme à mon travail. J'étais toujours seul. J'ai même envisagé le pire : me suicider. Comme je n'avais pas encore totalement touché le fond, je surpris un jour où j'allais m'entraîner au Tennis de table, un homme qui courait dans mon jardin et qui sauta la haie pour aller chez celui du voisin. J'avais oublié ma serviette et j'avais fait un bref aller-retour chez moi. Elle me trompait. Au fond de moi, je le savais, mais je faisais semblant de ne pas le voir. J'ai vu d'autres choses, des épisodes que je ne relevais même plus. Comme les fois où j'allais jouer au PMU par exemple. Un jour, je n'étais pas disponible et j'envoyai ma tendre et fidèle épouse jouer à ma place. Elle détestait ça de base. Mais à mon plus grand étonnement, à la suite, elle insistait beaucoup pour y aller. À notre séparation, j'appris que beaucoup d'hommes de ce milieu-là connaissaient intimement. Quelques semaines passèrent après que je surpris cet homme faisant faire son footing dans mon jardin et elle me quitta en janvier 2 000, le 7 janvier 2 000, le jour de ma fête. Nous étions en pleins travaux à ce moment. Je décidai de terminer les travaux de peinture pour aller au bout des choses et je lui laissai l'appartement. Je lui ai même fait de doubles rideaux, je l'emmenais dans les magasins pour qu'elle s'achète du mobilier, avec ma carte évidemment et je lui laissai un appartement neuf et bien équipé. Tu dois me prendre pour un fou d'avoir quand même terminé les travaux et de lui avoir donné un coup de main, tout ça pour qu'elle s'installe avec lui, mais je suis comme ça. Je m'étais engagé et je voulais rester droit, digne dans tous mes actes. Je ne voulais rien laisser de moi à l'intérieur. Lorsqu'elle avait accouché de Chuck, j'avais très peur qu'il naisse handicapé ou avec une anomalie tellement j'ai été confronté dans le passé à voir les évènements mal tournés. Plus tard, quand j'appris que ma femme était allée voir ailleurs, je me suis même demandé si mon gamin était de moi ; j'avais un doute concernant ma paternité. Quoi qu'il en soit, je l'ai élevé et aimé du plus profondément de cœur. Je regrette sincèrement d'avoir été si pris par mon travail et pas assez présent pour mon fils. Je comblais mes absences par des cadeaux de dernière génération, mais ça ne valait pas le temps passé avec lui. Ses copains venaient à la maison pour ses jouets, pas pour lui. Il a un profond mal-être et vit, même aujourd'hui dans une profonde solitude dont je me sens en partie responsable. Je rêve qu'il trouve quelqu'un et qu'il puisse être épanoui. Au travail, j'avais obtenu depuis cinq ans le statut d'ingénieur, mais il disait que j'étais moins productif. J'avais 50 ans et leur discours était le suivant : « tu nous coûtes trop cher et tu ne rapportes pas assez ». J'ai encore effectué quelques mois puis ils m'ont alors licencié. Sans ménagement. J'avais perdu dans un court laps de temps, ma femme, mon appartement et maintenant mon travail. Je m'étais trop longtemps muré dans le silence, j'ai eu trop longtemps peur de parler, peur de dire ce que je ressens, peur de ne pas être cru, peur de revivre des drames… C'était trop ! Cette fois-ci, je n'allais pas me laisser faire. Je venais de rencontrer ta mamie, j'avais 56 ans. À force de repas à ton club de Tennis de table, j'ai fait peu à peu sa connaissance. Ton père serait presque le cupidon de cette histoire, l'entremetteur. Nous avons appris à nous connaître et sommes partis aux vacances d'août, ensemble. Nous démarrions notre histoire d'amour en octobre. De septembre à octobre, elle passait énormément de temps chez moi, à m'écouter jusqu'à une heure ou deux heures du matin. Après ça, elle allait travailler, elle se levait à cinq heures du matin pour rejoindre son poste d'infirmière. Je lui racontais mon existence semée de ronces, elle m'écoutait avec beaucoup d'humilité et de compassion. Quelqu'un qui m'écoutait : enfin. Elle me dissuadait d'emmener General Electric aux prud'hommes parce qu'elle était convaincue qu'il n'y aurait pas de suite et que ça me ferait encore plus mal. Ils en avaient licencié d'autres, mais j'étais le seul à porter plainte. Ça a traîné des années au tribunal où ils justifiaient leur acte par un plan de licenciement économique, que c'était nécessaire ; un ramassis de conneries. Ils souhaitaient me donner 60 000 € de dédommagement, ce qui était bien en deçà du coût réel. Mais je ne le faisais pas pour l'argent, mais pour l'honneur. L'honneur de combattre ce géant américain qui pensait pouvoir virer sans autre forme de procès, ses employés proches de la retraite. Les syndicats ne m'ont évidemment pas aidé et le DRH de l'entreprise m'a interpellé bruyamment au tribunal : « T'es qu'un salopard et tu ne l'auras jamais, ton pognon ». C'est une multinationale donc eux, ils ne voyaient que l'aspect monétaire et n'en avaient rien à cirer du ressenti de la personne. J'avais payé cinq briques de frais d'avocat : ça ferait 7 500 € environ. Il y a eu plusieurs reports du procès à cause de grèves et autres évènements, mais j'ai eu mon ultime verdict et je l'ai gagné. Cela a marqué une nouvelle ère pour moi. J'ai une chance incommensurable d'avoir ta mamie à mes côtés. Je crois que je n'aurais jamais pu espérer avoir mieux. Au début de ma lutte judiciaire, elle ne voulait pas que je m'engage dedans, elle me disait que face à ce géant américain, je perdrais. Tu me connais, je suis allé au bout des choses et j'ai gagné. Ma prime servit à liquider les affaires, pensions et immobiliers entre mon ex-femme et moi. Un nouveau départ m'attendait. Ta mamie a été une véritable bénédiction dans ma vie. Elle est une des meilleures choses qui me soit arrivée. Maintenant que je suis malade, maintenant que j'ai la maladie de Parkinson depuis plus de cinq ans, je me vois diminuer, je me vois faire de moins en moins de choses. J'ai très peur. Il m'aurait fallu plus de trois vies pour faire tout ce que je souhaitais accomplir. J'ai peur de la mort. Peur de mourir et de laisser ta mamie seule. Je n'aimerais pas qu'elle se fasse avoir, qu'on profite de sa gentillesse et de sa bonté. J'ai l'image d'un petit oiseau perché sur sa branche en train de vivre sa vie de petit oiseau. Comment on peut le tuer ? L'avoir dans le viseur et lui supprimer sa vie ? Je me mets à la place de ce petit oiseau et je l'imagine dans un monde où il chante, où il est heureux, où il est en paix… Tu sais… ce n'est définitivement plus pareil dans ma tête.

Ma mamie nous rejoint :

— Plus de deux heures à parler, vous n'avez pas soif ou faim, mes hommes ?

C'est en ça que ma mamie était exceptionnelle. Elle faisait toujours passer les autres avant, elle se souciait des personnes qu'elle aimait et elle veillait à ce qu'elles ne manquent de rien. L'amour inconditionnel. Elle poursuit :

— Tu sais, les personnes offrent ce qu'elles ont en elles. J'ai, moi aussi, beaucoup donné et tu en serais très étonné. Mon premier mari, ton grand-père, m'a trompé avec quelqu'un de vingt ans de moins que lui. C'était assez humiliant parce qu'autour de moi, tout le monde le savait. Tout le monde, sauf moi évidemment. Quand il arrive quelque chose comme ça, tu penses à tes enfants en premier. Lorsque je l'ai appris, j'ai eu une discussion avec lui et j'étais prête à lui donner une seconde chance pour nos enfants. Je lui ai dit : « Si tu passes la porte et que tu décides d'aller avec elle, tu ne la repasseras pas dans l'autre sens ». Il a décidé de partir. J'ai préparé ses valises en nettoyant, repassant et pliant tous ses vêtements. Il n'est parti avec aucune chaussette sale. Ça peut paraître dingue comme ça. Mais c'était quelqu'un qui avait compté et je voulais être droite et digne jusqu'à la fin. Ça me touche vraiment, ce que tu fais pour Carl, c'est important que ce qu'il a subi soit couché sur papier, qu'il y ait une trace écrite.

Une trace écrite. Une marque de notre passage éphémère sur cette Terre. Ma mamie était devenue indispensable à la vie de Carl, et ce à tous les niveaux. D'un point de vue amoureux déjà. Lorsque je les voyais ensemble, j'avais en tête ma définition de l'amour. Lorsque je voyais mes parents ensemble également. Toujours là, l'un pour l'autre, toujours se soutenir, toujours se faire des blagues et rigoler ensemble, être loyal, fidèle, complice et ne jamais parler de ses problèmes de couple en dehors de son couple. Je n'ai jamais vu mes parents laver leur linge sale en public et je ne les ai jamais vus non plus se désolidariser face à nous, leurs enfants. Toujours soudés, toujours unis, plus de 25 ans de mariage.

En un mot, je vous dirai que l'Amour, c'est la vulnérabilité. L'Amour c'est être capable d'être complètement vulnérable face à quelqu'un. C'est cette espèce de fusion, lorsque nous sommes libres de nous aimer sans arrière-pensée, sans aucune peur. C'est lorsque notre partenaire a déjà vu le pire en nous, nos secrets les plus noirs, les plus profonds, mais décide de rester et d'apporter son soutien infaillible. On n'ignore rien de l'autre et de ce fait, c'est… sans nuage !

Ma mamie partait en fin d'après-midi pour donner un cours de Gym. J'étais seul à la maison avec Carl. On décida de sortir faire un tour en voiture.

Mais pour aller où ? Aller se recueillir sur les tombes de sa famille qui lui était si chère ? Rejoindre son fils pour qu'il lui dise combien il l'aime ? Retourner près de cent ans en arrière pour lui ramener son père et son frère emportés par la guerre ? Retourner à cinquante ans en arrière pour qu'il devienne chirurgien ou sportif hors pair ? Retourner dix ans en arrière pour que mon frère et moi évitions nos agressions sexuelles et soyons confrontés à tant de calvaires ? Retourner cinq ans en arrière pour éviter à mes parents de subir également toute cette misère ?

Mais au lieu de ressasser le passé, pourquoi ne pas se rendre dans un futur rempli de surprise et de mystère ? Une sorte de monde, meilleur d'égalité, d'équité et de bonté. Un monde où les personnes ne deviennent pas le mal qu'on leur a fait. Un monde que personne n'a découvert vraisemblablement. Un monde où les gens y restent parce qu'ils y sont bien.

C'est vers ce nouveau monde que l'on se dirigeait. Peut-être que si nous allons là-bas, nous arrêterons de les chercher. Nous sommes des êtres broyés qui n'ont jamais eu de cesse d'espérer. Ne nous plaignons plus, ils ont la vie, nous avons la paix.

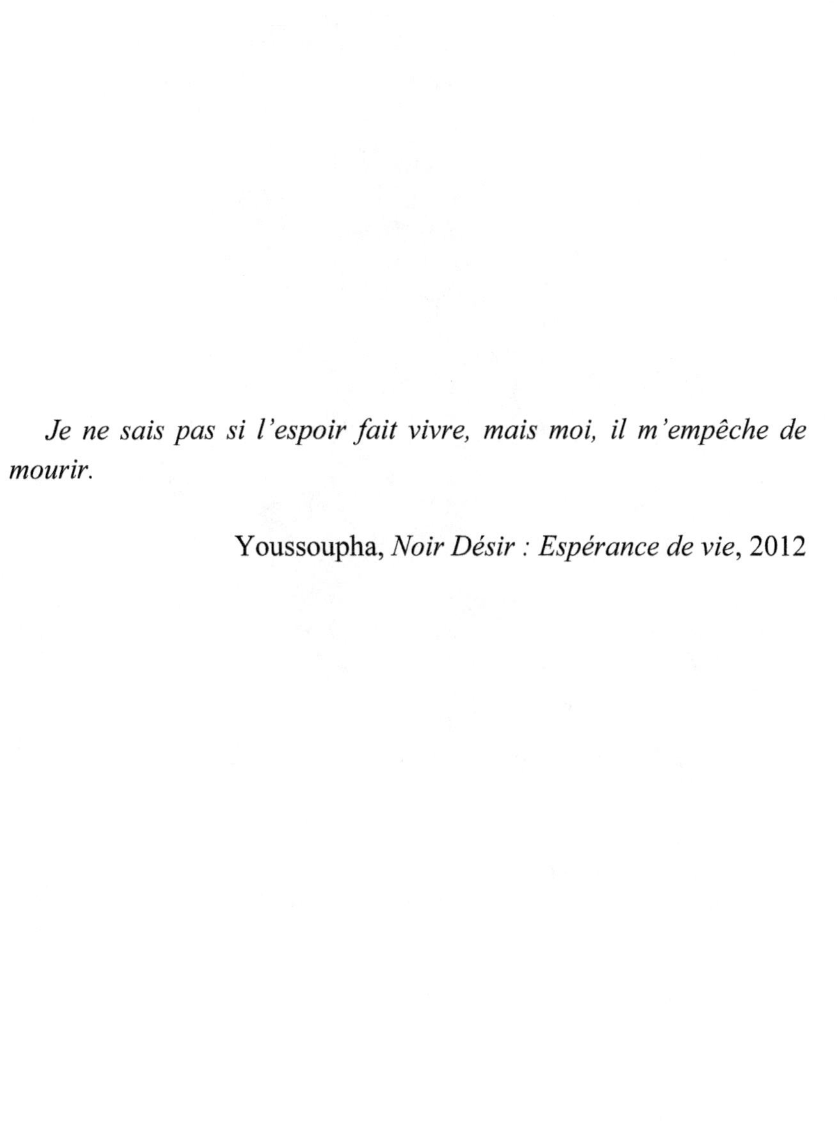

Je ne sais pas si l'espoir fait vivre, mais moi, il m'empêche de mourir.

Youssoupha, *Noir Désir : Espérance de vie*, 2012

Résilience

Ce livre reprend mon écrit *Fissuré* paru en mai 2020. La maison d'édition qui l'a publié a malheureusement fermé ses portes. Bien plus qu'une simple réédition, cet ouvrage comporte les suites d'un traumatisme dont on ne guérit jamais vraiment. Nombreux sont ceux qui pensent qu'une fois le délibéré du procès rendu, un livre se ferme. C'est faux. C'est plutôt une page de ce même livre qui se tourne, mais beaucoup d'autres étapes nous attendent. Nous. Les victimes d'agressions sexuelles, de viols, d'incestes, de harcèlements… C'est toute la vie que nous le payons et c'est toute la vie que notre entourage en souffre aussi.

Rendez-vous auprès de psychologues et psychiatres, séjours en hôpital, médicalisation de l'existence, sexualité volée et entravée, altération du réel, sensation d'extrême solitude, incompréhension des gens autour, relationnel catastrophique… et j'en passe. C'est cette réalité que j'ai voulu montrer à travers ce livre. Une réalité que beaucoup vivent, mais peu évoquent.

Ne laissez pas tomber quelqu'un qui est confronté à ce type de situation destructrice. N'abandonnez pas votre humanité au profit de l'ignorance et de l'indifférence ; soyez un maillon de la chaîne réparatrice. N'oubliez pas que dans ces affaires, bien trop de personnes esseulées finissent par se suicider. Alors, ne perdons plus de temps pour mettre en place des actions afin de les aider.

Remerciements

Je souhaite remercier du plus profond de mon cœur ma mère Stéphanie, mon père Vincent et mon frère Adrien. Nos liens se sont renforcés lorsque je leur ai raconté mon histoire et qu'ils m'ont tout de suite cru et soutenu. Ils m'ont aidé à me développer et à devenir l'homme que je suis aujourd'hui. Je suis fier et redevable. Je commence à apprécier le parcours que j'ai effectué pour en arriver jusqu'à là. Il y a encore beaucoup à faire, beaucoup d'obstacles à franchir, mais à présent, j'ai décidé de ne plus stagner ; j'ai décidé d'avancer continuellement. Je souhaite également remercier ma mamie qui m'a élevé et apporté beaucoup d'amour. Merci aussi à toi, Raymond. Tu n'es peut-être pas un membre de ma famille biologique, mais c'est tout comme. J'ai beaucoup appris de toi et je t'en serais éternellement reconnaissant. Ce livre est aussi pour vous. Vous êtes des êtres remarquables et vous méritez que les gens vous connaissent. J'adresse un énorme merci aux amis de mon frère qui sont tous des grands frères pour moi ; c'est avec vous que j'ai fait mes premières soirées et c'est avec vous que je me sentais le plus à l'aise pour exprimer toutes ces émotions que je ne parvenais pas à dire au quotidien. Ainsi, merci à Matthieu, Emeric, Guillaume et tous les autres. Merci à toi aussi, Émilie, je suis sûr que tu arriveras à faire un sept avec les dés l'année prochaine, synonyme de mariage avec mon frère. Je souhaite également remercier mes amis qui ont une place importante dans ma vie. Vous faites partie de ces personnes qui réparent la fissure que le Mal m'a faite. Ainsi, merci à Tony avec qui je partage plus de dix ans d'amitié ; il est comme mon deuxième frère. Un grand merci également à Ophélie, Mattèo, Yohan, Florian, Jules et tous ceux et celles avec qui le temps se suspend lorsque je suis avec vous. Vous m'avez aidé à prendre confiance en moi, à sortir de ma zone de confort. Je poursuis en remerciant mes coéquipiers du tennis de table. Ceux avec qui j'ai repris plaisir à jouer et à évoluer. Merci à Mathieu, mon capitaine qui a souvent dû temporiser quand je montais en pression dans les matchs importants (je te remercie même si tu contres souvent). Merci à mon équipe, c'est grâce à tous vos efforts que nous avons atteint le niveau national. Merci à Maéva, j'espère que tu redeviendras aussi forte que t'es drôle (et que tu prends des cartons). Merci à Romaric d'avoir partagé mon retour dans le tennis de table. Merci, Mathys, t'es comme mon petit frère. Merci aussi à ton vrai grand frère, un deuxième Benjamin, ainsi qu'à vos parents (pour le soutien et évidemment… pour la Martinique). Mille mercis à Vincent, Adrien, Arthur, Lilian, Victor, Esteban, Antonin, Alexandre, Anthony, Florian, Tristan, Marine, Jeanne, Gwendoline… d'avoir rendu ma jeune carrière si passionnante avec des anecdotes incroyables. C'est grâce à vous que j'ai aimé ce sport et cette mentalité propre au tennis de table : nous n'étions rivaux que dans l'aire de jeu, jamais ailleurs. Merci de m'avoir toujours soutenu, je vous souhaite le meilleur dans vos carrières et dans vos vies personnelles. Merci beaucoup à tous mes coachs pour qui ça n'a pas toujours était simple de manœuvrer avec un joueur comme moi. Merci Kévin à qui je dois ma meilleure saison. Merci aussi à Nicolas, Laurent, Didier, Mathieu, Thomas, Caroline, Vanessa et tous les autres entraîneurs et préparateurs qui ont contribué à rendre mes saisons plus belles et plus intenses. Un grand merci également aux psychologues, psychiatres, infirmiers et médecins qui m'ont suivi. Mention spéciale à toi Nathalie, qui m'a supporté pendant quatre ans. Merci à Nordine, mon professeur de philosophie – Latcho Drom. Merci à toi, Jean-Michel, d'avoir éradiqué beaucoup de mes fautes dans ce livre (tant pis s'il y en a encore, on dira que c'est une œuvre imparfaite comme son auteur) ; merci de m'avoir appris la différence entre l'utilisation de l'imparfait et du passé simple (il n'est jamais trop tard). Je souhaite aussi remercier les personnes qui m'ont écouté et laissé m'exprimer à la suite de mon histoire. Merci à Éric et son équipe d'avoir mis en place des solutions contre les violences sexuelles dans le tennis de table. Un grand merci à toi, Laurent, d'accompagner ma famille dans cette épreuve et de permettre à mon frère et moi, de participer à des actions de sensibilisation pour prévenir de tous types de violences dans le Sport. Merci à l'ancienne ministre des Sports, Roxana Maracineanu d'avoir convié mon frère et moi à la troisième Convention nationale de prévention des violences dans le Sport. Merci à Fabienne d'avoir reçu ma famille dans le respect et la bienveillance afin de trouver des solutions pour fortement limiter les violences sexuelles dans tous les Sports. Merci aux médias et journalistes : L'Est Républicain, Vosges Matin, Disclose, France 3, NRJ 12, CNEWS… Merci de m'avoir permis de défendre cette cause qui me dépasse, de m'avoir permis de m'exprimer pour toutes celles et ceux qui se murent dans le silence et pour toutes celles et ceux que personne n'écoute ou ne croit. Parce que nous entendons et voyons trop souvent le négatif et les choses qui ne vont pas, je voulais vous dire à toutes et tous qu'aujourd'hui, je suis heureux. Aujourd'hui, je ne prends plus aucun médicament (à part pour ce foutu pollen en été) ; aujourd'hui, je ne bois plus d'alcool pour me sentir bien ou être à l'aise avec les personnes ; aujourd'hui, je communique beaucoup mieux ; aujourd'hui, je vis ma vie, je ne la subis plus et enfin aujourd'hui, je pardonne vite pour utiliser mon temps avec les personnes que j'aime vraiment, celles que j'aimerais jusqu'à ce que mes poumons cèdent.

La vie est un putain de combat. J'ai le droit de perdre des batailles, mais pas la guerre ; j'ai le droit de tomber, mais pas de rester à terre.

Merci à toutes et tous pour la pierre apportée à mon édifice. Toute aide est bonne à prendre.

Note importante

À toutes ces personnes qui pensent être seules face à des agressions physiques, verbales, sexuelles, sexistes, racistes, homophobes ou autre, n'oubliez pas que des humains d'exceptions existent encore. Que ça soit un parent, un proche, un ami, un entraîneur, un professeur… vous pouvez confier à une personne de confiance des faits graves, que vous en soyez victime ou témoin.

N'oubliez pas : un enfant qui cause des problèmes est un enfant qui a des problèmes. Si vous avez un doute, signalez-le !

Si vous estimez que personne n'est en mesure de vous écouter, vous pouvez joindre des professionnels qui vont vous aider :

– Le 119, un numéro d'appel gratuit et confidentiel, en cas d'enfant en danger ou de doutes ;

– Le 3018 pour les cyberviolences ;

– Le 3114 pour les personnes ayant des idées suicidaires ;

– Le 3919 pour les violences faites aux femmes ;

– Le 3977 pour les violences sur personnes vulnérables – âgées/en situation de handicap ;

– Le 17 pour Police Secours ;

– Le 114 pour les personnes atteintes de surdité-aphasie ;

– Le 0800 08 11 pour le Planning familial (écoute à la sexualité) ;

– Le SDJES (signal-sports@sports.gouv.fr – choisir son département) pour tout type de violences (physiques, morales, sexuelles, maltraitance, harcèlement…) ;

– Des associations d'aide et d'accompagnement aux victimes comme « Colosses aux pieds d'argiles » ou « L'Enfant Bleu ».

Imprimé en Allemagne
Achevé d'imprimer en novembre 2023
Dépôt légal : novembre 2023

Pour

Le Lys Bleu Éditions
40, rue du Louvre
75001 Paris

www.ingramcontent.com/pod-product-compliance
Lightning Source LLC
Chambersburg PA
CBHW062343010826
49168CB00024B/236

* 9 7 9 1 0 4 2 2 1 4 2 9 6 *